Bulletin
de l'Association
des amis d'Alfred de Vigny

2018, n° 3
Nouvelle série

Bulletin de l'Association des amis d'Alfred de Vigny

Vigny et la presse

Sous la direction de Guillaume Cousin, Sylvain Ledda
et Sophie Vanden Abeele-Marchal

PARIS
CLASSIQUES GARNIER
2021

ISBN 978-2-406-11518-2
ISSN 0066-8893

SOMMAIRE

VIGNY ET LA PRESSE / *VIGNY AND THE PRESS*

VARIA

VIGNY ET LA PRESSE

INTRODUCTION

Maudit journal ! Voilà, en substance, ce que les personnages de Vigny pourraient s'écrier tant les périodiques sont, pour eux, des objets néfastes. Dans *Stello*, Chatterton passe devant la vitrine de la boutique où travaille Kitty Bell et tente vainement d'attirer son attention avec un journal : « j'avais beau jeter mon journal tout à coup et le chiffonner comme un mouchoir de poche, ainsi que pourrait faire un philanthrope désespéré, renonçant à conduire les hommes au bonheur par la vertu[1] ». Le journal offre un reflet de la laideur du monde, il est une irréductible machine à désillusionner. Le rôle négatif de la presse apparaît également dans *Chatterton*, où le journal est un accessoire de John Bell, que l'on voit « *assis, lisant le journal*[2] » à la scène 2 de l'acte II. Symbole de la société bourgeoise et industrielle, le journal est un objet funeste, qui précipite la chute et le suicide du poète. À la scène 7 de l'acte III, alors que Chatterton monologue, livré au désespoir, il saisit un journal :

> Et à présent, pourquoi vivre ? pour qui ?... – pour qu'elle vive, c'est assez... Allons... arrêtez-vous, idées noires, ne revenez pas... Lisons ceci... *(Il lit le journal.)* « Chatterton n'est pas l'auteur de ses œuvres... Voilà qui est bien prouvé. – Ces poëmes admirables sont réellement d'un moine nommé Rowley, qui les avait traduits d'un autre moine du dixième siècle, nommé Turgot... Cette imposture, pardonnable à un écolier, serait criminelle plus tard... Signé... *Bale*... » Bale ? Qu'est-ce que cela ? que lui ai-je fait ? – De quel égout sort ce serpent ?
>
> Quoi ! mon nom est étouffé ! ma gloire éteinte ! mon honneur perdu[3] !

---

1 Alfred de Vigny, *Stello*, dans *Œuvres complètes*, t. II, *Prose*, éd. Alphonse Bouvet, Paris, Gallimard, coll. « Bibliothèque de la Pléiade », 1993, p. 529.

2 Alfred de Vigny, *Chatterton*, éd. Lise Sabourin, dans *Théâtre complet*, éd. Sylvain Ledda et Lise Sabourin, Paris, Classiques Garnier, coll. « Bibliothèque du théâtre français », 2018, p. 865.

3 *Ibid.*, p. 917-918.

La presse renvoie Chatterton au néant en niant son statut d'auteur et
de poète. En donnant une tribune à des voix qui auraient dû rester
inaudibles, le journal transforme l'encre en venin mortel. La symbolique
du papier joue à plein dans cette scène, où le papier-journal et le papier
officiel de la lettre cachetée du Lord-Maire provoquent la combustion
des papiers du poète :

> Regarde-moi, Ange sévère, leur ôter à tous la trace de mes pas sur la terre. *(Il
> jette au feu tous ses papiers.)* Allez, nobles pensées écrites pour tous ces ingrats
> dédaigneux, purifiez-vous dans la flamme et remontez au ciel avec moi !
> *Il lève les yeux au ciel et déchire lentement ses poëmes, dans l'attitude grave et
> exaltée d'un homme qui fait un sacrifice solennel*[4].

Dans *Chatterton*, le journal tue le poète, sacrifié sur l'autel des valeurs
bourgeoises. Le feu consume l'œuvre comme le poison consume le poète ;
ne restent alors que deux écrits possibles : le journal et l'offre d'emploi,
symboles des puissances triomphantes.

Mais les relations entre le poète et le journal ne se réduisent pas
à cette destruction du génie. Dans *Stello*, alors qu'André Chénier est
emprisonné, il déclare à Mme de Saint-Aignan et au narrateur : « Puisque
vous connaissez ces misérables qui nous déciment, citoyen, vous pouvez
leur répéter de ma part tout ce qui m'a fait arrêter et conduire ici, tout
ce que j'ai dit dans le *Journal de Paris*, et ce que j'ai crié aux oreilles de
ces sbires déguenillés qui venaient arrêter mon ami chez lui[5]. » Loin de
rejeter le journal, Chénier affirme sa légitimité à porter la voix engagée
du poète-citoyen. Est-ce à dire qu'il y aurait, aux yeux de Vigny, des
usages acceptables de la presse ? Ou bien que celle-ci serait adaptée à ne
faire entendre que certains types de discours ? Vigny lui-même semble
confirmer cette répartition au début de son article « De Mademoiselle
Sédaine et de la propriété littéraire », lettre ouverte publiée dans la *Revue
des Deux Mondes* le 15 janvier 1841 : « La presse est une tribune qui
convient à ceux qui aiment la solitude. Elle suffit au peu de choses que je
dis, et, quelque droit que j'en puisse avoir, de longtemps je n'en chercherai
une autre, car je ne suis qu'un étudiant perpétuel[6]. » L'établissement

---

4   *Ibid.*, p. 918-919.
5   Alfred de Vigny, *Stello*, *op. cit.*, p. 597.
6   Alfred de Vigny, « De Mademoiselle Sédaine et de la propriété littéraire. Lettre à Messieurs
     les députés. Écrite le 15 janvier 1841 », *OC*, II, p. 1166.

d'un lien intrinsèque entre presse et solitude va à l'encontre de la représentation topique de la presse comme lieu privilégié de la camaraderie et publication ancrée dans le quotidien et le monde. Dans le chapitre « Solitude » de son essai *Alfred de Vigny – vivre, écrire*, Jacques-Philippe Saint-Gérand écrit que « refuser le contact avec des contemporains dont [Vigny] est souvent incompris, constitue [...] un aveu indirect de la suprématie intellectuelle du poète, même si elle trahit la crainte d'une contamination de son esprit par les bassesses de l'époque[7]. » Si la solitude est un élément fondamental de la pensée et de la création vignyennes, on ne saurait comprendre les rapports entre Vigny et la presse sans commencer par mettre à distance la tradition critique faisant de Vigny, depuis Sainte-Beuve, un pur esprit isolé dans sa tour d'ivoire.

Déjà Pierre Flottes, dans son étude ancienne mais fondamentale sur *La Pensée politique et sociale d'Alfred de Vigny*[8], montrait comment l'actualité nourrissait la pensée de Vigny. Plus récemment, les recherches sur l'œuvre de Vigny, et notamment les actes du colloque de Cerisy recueillis sous le titre de *Poétique de Vigny*[9] par Lise Sabourin et Sylvain Ledda, ont permis de retrouver « un romantique à l'écoute de son temps, soucieux de la fortune littéraire de son œuvre, [...] en scrutation de soi comme de la société[10]. » C'est cet ancrage de Vigny dans son époque que ce volume souhaite aborder à partir d'un angle qui, jusqu'à aujourd'hui, a peu éveillé l'intérêt de la critique : les liens entre Vigny et la presse.

Dans le volume *Poétique de Vigny*, Patrick Berthier ouvre la conclusion de son article par cette observation : « Vigny journaliste [...]. Peut-être faudrait-il faire suivre ces deux mots d'un point d'interrogation[11][.] » Car si Vigny a été un journaliste, ce fut certes avec parcimonie mais toujours dans des périodiques qui ont eu un rôle important en leur temps, à l'image du *Conservateur littéraire*, qui fut à la littérature ce que fut *Le Conservateur* à la politique (Morgane Avellaneda). Mais la précaution du critique rend compte du rapport complexe qui existe entre l'écrivain et la presse, cette

---

7 Jacques-Philippe Saint-Gérand, *Alfred de Vigny – vivre, écrire*, Nancy, Presses Universitaires de Nancy, coll. « Phares », 1994, p. 386.
8 Paris, Les Belles lettres, coll. « Publications de la Faculté des Lettres de l'Université de Strasbourg », 1927.
9 Paris, Honoré Champion, coll. « Romantisme et Modernités », 2016.
10 *Ibid.*, p. 13.
11 Patrick Berthier, « Y., 1831 ou Vigny journaliste » dans *Poétique de Vigny, op. cit.*, p. 320.

« bouche forcée d'être toujours ouverte et de parler toujours[12]. » Ouverte, cette bouche l'est d'autant plus lorsqu'il s'agit d'aborder la production de Vigny, dont chaque œuvre est un événement. La réception de Vigny dans la presse occupe ainsi la majeure partie de ce volume : qu'il s'agisse des feuilletons dramatiques consacrés par Gautier au théâtre de Vigny (Patrick Berthier), de la réception de son œuvre dans la *Revue de Paris* (Guillaume Cousin) ou d'un inattendu mais fructueux rapprochement de *Servitude et grandeur militaires* et de *La Confession d'un enfant du siècle* (Sylvain Ledda), c'est à chaque fois la création d'une image de Vigny par la presse qui se dessine. Ces études sont suivies d'une anthologie de textes critiques parus dans les journaux et revues entre 1829 et 1863, afin d'offrir au lecteur la possibilité de prendre connaissance de textes qui, pour beaucoup, sont tombés dans l'oubli mais méritent quelqu'une de ces palingénésies que Nodier admirait tant chez Vigny.

Guillaume COUSIN

---

12 Alfred de Vigny, *Journal d'un poète*, éd. Louis Ratisbonne [Alphonse Lemerre, 1885], Paris, L'Harmattan, coll. « Les Introuvables », 1993, p. 99.

GAUTIER REVOIT *CHATTERTON*
ET *LE MORE DE VENISE*,
OU LA NOSTALGIE DU CRITIQUE

Les trois grandes pièces de Vigny, *Le More de Venise* (Théâtre-Français, 4 octobre 1829), *La Maréchale d'Ancre* (Odéon, 25 juin 1831), *Chatterton* (Théâtre-Français, 12 février 1835), ont été créées avant l'entrée de Théophile Gautier à *La Presse* de Girardin comme critique dramatique, à l'été 1837. Tout ce qu'il a pu en dire à partir de cette date, et pendant plus de trente ans, concerne donc nécessairement soit les souvenirs qu'il garde de sa jeunesse de spectateur, soit les occasions qui se sont offertes à lui de revoir ces œuvres quand on les a reprises. C'est vrai aussi, dans une certaine mesure, pour Victor Hugo et pour Dumas père, mais leur œuvre à eux deux s'est poursuivie au-delà de 1835, ce qui a permis à Gautier (surtout pour le second car, sous l'Empire, difficile de parler directement de Hugo) de garder avec leur production théâtrale un double lien ; lien immédiat lors des pièces nouvelles : *Ruy Blas*, *Les Burgraves*, les adaptations des romans de Dumas et Maquet par eux-mêmes ; lien mémoriel lors des reprises, celle d'*Hernani* enfin permise en 1867 étant sans doute la plus marquante (sans oublier *Ruy Blas* en 1872, juste avant la mort du feuilletoniste).

Comment se présente le cas de Vigny ? On peut tout simplement remonter le temps à partir du feuilleton du *Moniteur universel* du 28 septembre 1863, ouvert par une belle nécrologie du poète et du dramaturge qui vient de disparaître. C'est là que figure une des rares mentions de trois des œuvres théâtrales de Vigny, « *La Maréchale d'Ancre*, un drame demi-tombé ; *Quitte pour la peur*, un délicieux pastel, et une traduction du *Marchand de Venise* qu'on devrait bien jouer comme hommage à sa mémoire, en ce temps où les chefs-d'œuvre n'encombrent pas les cartons[1] ».

---

1   Gautier, *Critique théâtrale*, éd. dir. par Patrick Berthier, Paris, Champion, t. XVI, sous presse [à paraître en 2021], p. 669. Toutes les citations des feuilletons dramatiques de

Il est très probable que Gautier a vu en son temps le proverbe *Quitte pour la peur*, créé le 30 mai 1833 par Marie Dorval lors d'une représentation extraordinaire à l'Opéra, car son admiration pour l'actrice était extrême ; on sait, en tout cas, qu'il a revu cette œuvre lors de sa reprise par Rose Chéri lors d'une autre représentation à bénéfice, au Gymnase cette fois, le 7 juillet 1849[2]. Il attribue le succès de l'actrice et de ses partenaires, Ferville (le médecin) et Bressant (le mari), à la fois à leur talent et au climat favorable créé par la réussite d'*Un caprice*, qui a (re)lancé moins de deux ans plus tôt la vogue du genre du proverbe scénique. Je cite quelques lignes, car *Quitte pour la peur* est absent, sauf cette page, du discours critique de Gautier, que nous voyons ici sensible avant tout à la difficulté de faire passer le sujet même, sexuel bien que constamment gazé, de l'œuvre :

> La grande scène du dénouement, si jolie dans un livre, mais si risquée pour un public de théâtre, a réussi d'un bout à l'autre. C'était à la fois le succès et le danger de l'ouvrage ; cela est devenu, par la manière dont l'actrice a compris la situation, quelque chose de terrible et de charmant, la dernière scène d'*Othello* presque avec une intention différente et un dénouement heureux. Cette situation sera mieux appréciée encore, maintenant qu'elle a passé sans encombre[3].

La traduction ou plutôt l'adaptation du *Marchand de Venise* a été publiée en 1839, mais non jouée du vivant de Gautier, qui ne la mentionne donc que rarement, en général à propos des pièces de Shakespeare qu'on pourrait jouer en français mais que les directeurs frileux laissent dans les cartons : Vigny est alors nommé, explicitement ou non, en même temps que d'autres traducteurs estimés de Gautier tels qu'Émile Deschamps ou Jules Lacroix[4].

Gautier, dans *La Presse* jusqu'en avril 1855, dans *Le Moniteur universel* ensuite, renverront à cette édition par l'indication du tome et de la page.

2   Buloz, devenu commissaire royal, a voulu reprendre la pièce au Théâtre-Français dès octobre 1847, mais s'est heurté au refus de la censure ; la reprise de 1849 est rendue possible par la suspension [plus pour longtemps] de cette censure et, pour ce qui est de la reprise du rôle par Rose Chéri, par la mort de Marie Dorval, en mai (voir l'édition de Lise Sabourin, Vigny, *Théâtre complet*, Paris, Classiques Garnier, 2018, p. 641).

3   Feuilleton du 9 juillet 1849, t. VIII, 2016, p. 319.

4   La première de ces listes de titres d'œuvres shakespeariennes, dont *Le Marchand de Venise*, figure à la fin du feuilleton du 14 février 1842, sans mention spécifique du nom de Vigny ou d'autres traducteurs, mais il est clair que Gautier pense notamment à lui quand il parle d'« imitations, faites fidèlement et dans l'esprit et le génie de [l']auteur »

La troisième des œuvres de Vigny dont Gautier ne parle à peu près jamais est *La Maréchale d'Ancre*; il est vrai qu'on n'a guère joué la pièce après les trente représentations assurées en 1831 par Mlle George. Gautier n'a pas parlé de ses deux reprises par Marie Dorval (à qui, à l'origine, Vigny destinait le rôle) : pour celle de 1832 à la Porte Saint-Martin, il n'était pas encore à sa table de feuilletoniste, et lors de l'entrée de la pièce, le 18 juin 1840, au Théâtre-Français (pour huit représentations), il était en voyage en Espagne. Depuis, la *Maréchale* n'a été jouée, un peu, qu'en province, et elle est interdite par la censure sous l'Empire. Ce qui est plus étonnant, c'est que Gautier en fasse à peine mention lorsqu'il rend compte, en 1855 puis en 1862, de deux drames historiques dans lesquels la maréchale d'Ancre joue un rôle direct, et même central pour *La Florentine*, créée à l'Odéon le 28 novembre 1855 et jouée quarante fois; c'est le premier essai théâtral d'un écrivain polonais en exil à Paris, Charles-Edmond Chojecki (1822-1899), qui se fait jouer sous le nom de scène de Charles Edmond; on note que Gautier dit seulement, dans l'introduction de son compte rendu :

> Cette audace de faire jouer *La Florentine* sur le théâtre même où fut représentée *La Maréchale d'Ancre* de M. Alfred de Vigny, avec Mlle George et Frérérick Lemaître pour interprètes, lui a réussi parfaitement. D'autres auraient pu être moins heureux, et ce premier pas promet une belle carrière[5].

Au-delà de ce constat, rien, dans l'analyse plutôt copieuse de l'intrigue (pourtant proche, par nécessité historique, de celle de la pièce de Vigny), n'offre l'amorce d'une comparaison entre les deux œuvres, qui aurait pu être instructive. À peine si l'ombre de Mlle George, la créatrice de 1831, reparaît dans l'appréciation finale sur les acteurs, lorsque Gautier dit quelques mots de Mme Toscan, « la Rachel de l'Odéon[6] », « belle femme [...] aux formes opulentes, taillée en reine tragique pour représenter les Clytemnestre ou les Marguerite de Bourgogne[7] ».

Un peu plus de six ans après, silence total, cette fois, sur Vigny, dans le compte rendu de *La Bouquetière des Innocents*, drame de deux solides

---

(t. III, 2010, p. 369). – L'adaptation du *Marchand de Venise* n'a été créée qu'en 1905, et sans succès (voir l'édition de Sylvain Ledda, Vigny, *Théâtre complet*, éd. citée, p. 340-341).

5   Feuilleton 3 décembre 1855, t. XIII, 2020, p. 120.

6   Formule de Gautier dans le feuilleton du 25 juin 1855 à propos de l'interprétation par cette actrice du rôle-titre de *Médée* d'Hippolyte Lucas (t. XII, 2019, p. 608).

7   Feuilleton cité du 3 décembre 1855, t. XIII, p. 124-125.

faiseurs, Anicet-Bourgeois et Dugué, créé le 15 janvier 1862 à l'Ambigu
où il fut joué presque cent fois ; peut-être ce silence vient-il de ce que
l'œuvre, pour Gautier, « est un de ces grands drames où l'histoire et
l'invention se mêlent dans des proportions plus ou moins heureuses[8] »,
formule qui, sous sa plume, annonce souvent des réserves de fond ; son
analyse ne dissimule pas le caractère rocambolesque d'une intrigue qui
passe, malgré tout, la rampe (à preuve le succès) grâce au talent avec
lequel Marie Laurent, actrice appréciée de Gautier, incarne tour à tour
la maréchale et Margot, une bouquetière dont elle se trouve être le
sosie : « Mme Marie Laurent joue avec un talent double le double rôle
de Margot et de la maréchale : elle est alternativement gaie, franche,
sympathique, altière, haineuse et terrible[9] » ; rien, cette fois, sur le souvenir de la pièce de Vigny qui n'a pas pu, pourtant, ne pas habiter le
critique pendant qu'il assistait à cette représentation.

Première moisson plutôt déceptive, donc ; heureusement *Chatterton*
et *Le More de Venise* offrent d'amples occasions de parler de Gautier, qui
a revu le premier de ces drames en 1857 et le second en 1862, raison
pour laquelle il en sera question dans cet ordre.

« CHATTERTON », DE DORVAL À GEFFROY

Les allusions de Gautier au drame de 1835, à la création duquel nous
savons qu'il a assisté[10], sont au nombre d'une bonne demi-douzaine dans
son feuilleton de théâtre. Plusieurs sont plus ou moins nettement cen-
trées sur la créatrice du rôle de Kitty Bell, Marie Dorval déjà nommée.

Gautier consacre d'abord deux colonnes de son feuilleton du 23 mars
1840 à la reprise de la pièce à la Comédie-Française, depuis le 9 du mois
et pour dix représentations. Marie Dorval, revenue après deux ans au
Gymnase dans la maison de Molière, y est mal tolérée et cette reprise se

---

8   Feuilleton du 20 janvier 1862, t. XVI, p. 138.
9   Même feuilleton, p. 141.
10   Ne serait-ce que par l'*incipit* du feuilleton du 14 décembre 1857 : « Une des vives impres-
     sions de notre jeunesse a été la première représentation de *Chatterton* [etc.] » (t. XIV, 2020,
     p. 309).

fait pour elle dans des conditions personnelles difficiles[11]. Gautier n'en dit rien, bien entendu, mais encense l'actrice sans réserve :

> Mme Dorval a été adorable dans son rôle de Kitty Bell, caractère presque muet, tout concentré, et qui n'a qu'un seul cri à la fin. – Mais quel cri ! – c'est toute une âme qui s'exhale, c'est la jeunesse et la passion qui se réfugient dans la mort, – le seul asile inviolable et libre ! – Quelle chaste résignation ! quelle mélancolie d'attitude ! Marguerite à son rouet n'a pas une physionomie plus angélique et plus virginale que Kitty Bell baignant ses pâles mains dans les blondes chevelures des petits enfants qui portent si fidèlement ses baisers à l'amant inavoué[12].

Suit une apostrophe assez piquante du critique à Chatterton lui-même, qui n'aurait pas eu la même vie s'il avait dû chaque semaine écrire son feuilleton ! et qui est bien sot de se tuer alors qu'on l'aime : « Hélas ! combien s'empoisonnent sans que personne meure de leur mort, sans qu'à leur cri suprême il roule sur la rampe de leur escalier un beau corps de femme plié en deux[13] » ! Le propos se termine par un rappel des mérites littéraires de l'œuvre, et de la façon dont Vigny, « avec ce soin parfait, cette distinction et cette élégance curieuses qui caractérisent sa manière[14] », est parvenu à « faire accepter un drame purement symbolique dénué de surprise et d'événements, dont la donnée est celle-ci : – la poésie aux prises avec la prose, et l'idéal succombant sous le réel ». Et Gautier ne peut s'empêcher, dans une dernière phrase, de revenir à ce qui pour lui domine la soirée, « l'admirable délicatesse de nuances du jeu de Mme Dorval qui a rendu le rôle de Kitty Bell impossible à toute autre actrice ».

Même s'il ne la nomme pas, Marie Dorval apparaît indirectement dans ce qu'il dit d'autres œuvres : quand il analyse *Charlotte*, drame de Souvestre et Eugène Bourgeois créé le 25 juillet 1846 au Vaudeville et qui propose une réécriture désolante de *Werther* (« Lolotte » et le héros, qui s'est raté, se marient à la fin), il annonce ainsi l'approche du

---

11 Voir Francis Ambrière, *Mademoiselle Mars et Marie Dorval au théâtre et dans la vie*, Paris, Le Seuil, 1992, p. 483-484.

12 *Critique théâtrale*, éd. citée, t. II, 2008, p. 602.

13 *Ibid.*, p. 603. Allusion, bien sûr, au fameux jeu de scène de Marie Dorval favorisé par le fait que le décor de la Comédie-Française place la fameuse rampe de l'escalier au centre de la scène, face au public.

14 *Ibid.*, de même que pour les deux fragments qui suivent. On s'interroge ici sur la nuance exacte que Gautier met sous l'adjectif « curieuses »…

dénouement : « Après avoir épanché son âme dans une tirade véhémente et chaleureuse, Werther monte à grands pas cette rampe que depuis Chatterton escaladent tous les désespoirs[15] ». La référence va pour lui de soi, et même on pourrait croire que c'est le souvenir de Dorval qui le rend paradoxalement indulgent pour cette image idyllique de la « félicité » de Werther « se réveillant de la mort dans les bras de Charlotte, et passant de sa couche sanglante à la couche nuptiale[16] ».

Il va sans dire qu'à la mort de l'actrice, l'émotion de Gautier éclate dans son feuilleton ; il n'y a pas de pose, chez lui, quand il écrit, en utilisant comme toujours ce « nous » de majesté feinte qui, ici, prend en même temps une vraie valeur collective et générationnelle : « une part de notre âme et de notre jeunesse descend dans la tombe avec elle[17] ». Et tout naturellement Kitty est au premier rang de celles que pleure le critique :

> Adèle d'Hervey, Kitty Bell, Marion de Lorme, vous avez vécu pour nous d'une vie réelle ; vous ne fûtes point de vains fantômes fardés, séparés de nous par un cordon de feu ; nous avons cru à votre amour, à vos larmes, à vos désespoirs : jamais chagrins personnels ne nous ont serré le cœur et rougi la paupière autant que les vôtres ; et si nous avons survécu à votre mort de chaque soir, c'est l'espérance de vous revoir le lendemain plus tristes, plus plaintives, plus passionnées et plus charmantes qui nous a soutenu. Ah ! comme nous avons été jaloux d'Antony, de Chatterton et de Didier[18].

Même une fois passé le choc de la disparition de Dorval, Kitty et son escalier hantent les colonnes du feuilleton, ainsi dans ce compte rendu de la reprise, par Rose Chéri déjà nommée, d'un ancien drame de Bayard, *La Grande Dame*, qui se clôt pathétiquement par la mort de l'héroïne ; l'enchaînement de Bayard à Vigny se fait naturellement à la faveur de l'éloge de l'interprète :

> Comme dans *Clarisse Harlowe*, elle est morte sur la scène, morte la tête renversée en arrière, comme les tétaniques, dont elle excelle à rendre l'agonie. Pourquoi Mme Rose Chéri ne reprend-elle pas Kitty Bell, de *Chatterton* ? Elle y trouverait encore une belle occasion de déployer son grand art de mourir[19].

---

15 Feuilleton du 27 juillet 1846, t. VI, 2015, p. 342.
16 Même feuilleton, p. 343.
17 Feuilleton du 29 mai 1849, t. VIII, p. 264-265.
18 Même feuilleton, p. 265.
19 Feuilleton du 8 juillet 1850, t. IX, 2017, p. 64. – *La Grande Dame* appartient au répertoire du Gymnase (création le 24 octobre 1831, reprise le 29 juin 1850). Dans *Clarisse*

Indépendamment de cette passion indéfectible pour Dorval, il est arrivé à Gautier d'englober *Chatterton* dans des réflexions sur l'évolution du théâtre qui dépassaient le cas de Vigny. Ainsi dès son feuilleton du 29 mai 1842, constatant le silence de Hugo (plus rien depuis *Ruy Blas*), de Dumas (il « écrit des impressions de voyage »), de Lamartine, qui « garde en portefeuille son *Toussaint Louverture*[20] », de Balzac, étrillé par les échecs de *Vautrin* et des *Ressources de Quinola*, de Vigny, qui « s'est arrêté à *Chatterton* », Gautier en vient à la triste évidence que « tout ce qu'il y a de célèbre, de poétique, de passionné, d'ingénieux, de brillant, de spirituel et de délicat dans notre littérature, tout ce qui fait notre gloire à l'étranger, se tient éloigné de la scène[21] ». Un tel propos dépasse largement et Vigny et *Chatterton*, mais comme l'écrivain est de ceux pour lesquels Gautier a la plus haute estime, il est important que dans ce moment de pessimisme il n'omette pas de le nommer. On pourrait faire une remarque analogue à propos du feuilleton de 1848 où il s'interroge sur la capacité des théâtres subventionnés et des auteurs connus à proposer un « vrai théâtre populaire » au « nouveau public issu des barricades de février[22] ». À voir régner encore « la vieille tragédie ronflante », on se demande qui « osera faire du naïf, du simple, [...] mettre en œuvre une passion vraie ». Et le feuilletoniste rappelle les démêlés qui ont opposé au pouvoir de la monarchie de Juillet les auteurs romantiques :

> [...] quelles sont les pièces qui ont eu quelque valeur d'opposition sociale dans ces dernières années, sinon, par exemple, *Marion de Lorme*, *Le roi s'amuse*, *Angelo*, *Antony*, *Chatterton* ? Le gouvernement d'alors favorisait peu les drames composés dans cet esprit, et les défendait même volontiers. Toutes les faveurs étaient pour la tragédie, tout l'intérêt pour la comédie-vaudeville, l'une insignifiante comme portée, l'autre se prêtant assez bien parfois à dépraver l'esprit public. La tendance de *Bertrand et Raton*, de *La Camaraderie*, d'*Une chaîne*, de *La Calomnie*, du *Puff*, était particulièrement agréable au monde officiel. Le moment est venu de donner une direction différente à la haute littérature dramatique[23].

Harlowe, drame de Dumanoir, Guillard et Clairville créé, au Gymnase également, le 5 août 1846, Gautier louait déjà l'art de Rose Chéri de mourir en scène, et de donner à voir « un cadavre charmant » (feuilleton du 10 août, t. VI, p. 374).

20 Déjà écrit, mais qui ne sera créé qu'en 1850 à la Porte Saint-Martin.

21 *Critique théâtrale*, t. III, 2010, p. 450-451 pour tous ces fragments.

22 Feuilleton du 24 avril 1848, t. VII, 2016, p. 466 et p. 467, de même que pour les deux fragments cités juste après.

23 Même feuilleton, p. 467.

Oublions un instant le peu d'estime de Gautier pour Scribe (*Bertrand et Raton*, au moins, a plus de portée qu'il ne le sous-entend), et remarquons que cette fois encore, dans un moment de tension de l'histoire sociale et culturelle, *Chatterton* figure dans cette courte liste d'œuvres contestées en leur temps – et y figure à bon droit puisque, on le sait, le débat sur l'apologie ou non du suicide dans cette pièce est remonté, en 1835, jusqu'à la chambre des députés.

Revenons à la pièce elle-même, pour dire que ce n'est pas par souci d'opposition rhétorique que je n'ai parlé jusqu'ici que de Dorval : c'est que, malgré son estime pour lui, jamais Gautier n'a dit un mot, entre 1840 et 1850, d'Edmond Geffroy (1804-1895), à la Comédie-Française de 1829 à 1865, et créateur du rôle-titre de *Chatterton* qui lui valut l'accession au sociétariat. Or voici qu'à la fin de 1857, évidemment sans Dorval, le quinquagénaire Geffroy reprend pour quinze représentations le costume du poète mort à dix-huit ans. Comme lorsqu'il a parlé de la mort de Dorval, Gautier s'implique d'entrée dans son évocation de cette soirée qu'il vient de vivre : « [...] c'était de nous-même que nous doutions. – Allions-nous retrouver l'émotion des jeunes années, le naïf et confiant enthousiasme, la consonance parfaite avec l'œuvre, tous les sentiments qui nous animaient alors[24] ? » On voudrait pouvoir reproduire tout entier ce feuilleton, assurément l'un des plus beaux du Gautier vieillissant, souvent las de sa tâche hebdomadaire ; il faut se contenter d'indiquer les principaux aspects de son propos et de citer chichement.

Il commence par rappeler à quel point, en 1835, *Chatterton* tranchait par sa sobriété sur « la manière en vogue » (p. 309), mais il glisse aussitôt de cette idée d'un « drame tout intime » (*ibid.*) à la description d'un public de jeunes poètes, dont il faisait lui-même partie :

> La jeunesse de ce temps-là était ivre d'art, de passion et de poésie ; tous les cerveaux bouillaient, tous les cœurs palpitaient d'ambitions démesurées. Le sort d'Icare n'effrayait personne. [...] Cette exaltation peut sembler bizarre à la génération qui a maintenant l'âge que nous avions alors, mais elle était sincère, et plusieurs l'ont prouvé sur qui, depuis longtemps, l'herbe pousse épaisse et verte. Le parterre devant lequel déclamait Chatterton était plein de pâles adolescents aux longs cheveux croyant fermement qu'il n'y avait d'autre

---

24 Feuilleton du 14 décembre 1857 déjà cité, *ibid.*, t. XIV, p. 309.

occupation acceptable sur ce globe que de faire des vers ou de la peinture, – de l'art, comme on disait [...] (p. 310)

Gautier prolonge l'évocation, insiste encore une fois à l'intention de ses cadets :

> Lorsqu'on n'a pas traversé cette époque folle, ardente, surexcitée, mais généreuse, on ne peut se figurer à quel oubli de l'existence matérielle l'enivrement, ou si l'on veut l'infatuation de l'art poussa d'obscures et frêles victimes qui aimèrent mieux mourir que de renoncer à leur rêve. – L'on entendait vraiment dans la nuit craquer la détente des pistolets solitaires. (*ibid.*)

Suit un long passage sur la condition du poète dans la société moderne, qui mène habilement à la pièce elle-même, reprise dans le même « décor un peu effacé par le temps » (p. 312), et à l'émotion ressentie devant « cette rampe d'escalier en bois sur laquelle glissait, au dénouement, le corps brisé de Kitty Bell » (*ibid.*) ; mais Dorval n'est plus là.

> Seul Geffroy, pâle, vêtu de noir, se tenait debout au milieu de la scène, vieilli, comme tout le monde, de vingt-deux ans, ce qui est peut-être beaucoup pour un poète qui n'en avait que dix-huit, mais conservant le vrai esprit de l'époque, le sens intime de l'œuvre, déjà en partie perdu, l'aspect amer, romantique et fatal dont on raffolait en 1835. (*ibid.*)

La suite de l'analyse développe cette idée que le sens de l'œuvre est « déjà en partie perdu ». Gautier a notamment un passage fort convaincant sur cette évidence que, en 1857, « John Bell qui ne veut pas qu'on détruise ses mécaniques [...] semble le seul personnage raisonnable de la pièce » (p. 313), alors qu'en 1835 il jouait quasiment le rôle du traître des mélodrames. Pas facile non plus de supporter le quaker, déjà bavard jadis, mais qui maintenant « fait l'effet sur sa chaise d'un patriarche en enfance » (*ibid.*). Enfin comment les jeunes filles actuelles peuvent-elles comprendre l'amour de Kitty pour « un jeune homme qui n'a pas un penny [...], elles dont l'idéal descend d'un coupé, en brodequins laqués, en gants de Suède, le cigare aux lèvres et le porte-monnaie bourré de billets et de napoléons » (*ibid.*) ?

Tout, au fond, semblait rendre impossible le contact avec ce qu'avait tenté de montrer Vigny. Mais « l'émotion lentement préparée est arrivée enfin » au dernier acte, devant « cette chambre nue et froide » et « cet étroit grabat, plus semblable à un cercueil qu'à un lit, plus fait pour le

cadavre que pour le corps » (p. 313-314)[25] ; et « le dénouement a remué
les spectateurs comme aux premiers jours » (p. 314). Chatterton mourant
« cesse d'être une abstraction » (*ibid.*). Et si Kitty est jouée par une autre,
à jamais « du seuil de la chambre funèbre [elle] glissera sur la rampe de
l'escalier » (p. 315) – ce qui suggère que ce jeu de scène difficile a été
conservé par la nouvelle interprète.

> Nous ne dirons pas que Mme Plessy fait oublier Mme Dorval, ce serait une
> banale galanterie qui la blesserait plus qu'elle ne la flatterait. Mais nous
> pouvons affirmer en toute sincérité qu'elle a composé le rôle avec beaucoup
> d'intelligence et de sentiment, qu'elle s'est faite simple autant que possible, et
> qu'elle a trouvé au dernier acte deux ou trois beaux mouvements. La comédie
> va mieux que le drame à cette nature élégante et coquette, faite pour le sou-
> rire et non pour les pleurs : quand on est née marquise il est difficile de se
> faire complètement bourgeoise et marchande de la Cité, avec une nuance de
> quakeresse, mais le talent vient à bout de tout, et Mme Plessy a su se faire
> applaudir et rappeler. (p. 315-316)

Ce compliment n'est pas perfide, mais rappelle une évidence, c'est
que Jeanne-Sylvanie-Sophie Plessy (1819-1897), devenue sociétaire à
l'unanimité à seize ans et demi, a plutôt joué Célimène et Silvia que le
drame. Que Gautier convienne qu'elle a réussi au moins relativement
est reconnaître son art de la composition. Geffroy, lui, même s'il « n'a
plus l'âge physique » du rôle, est toujours Chatterton : « c'est le même
lyrisme, le même sarcasme hautain, la même fierté maladive, la même
conscience de son génie, le même amour profond et désespéré » (*ibid.*).
Geffroy ne peut pas tout jouer ; il est excellent en Alceste, dont il a
l'« humeur morose et [l]es brusqueries[26] », mais peu vraisemblable en
Tartuffe, n'étant pas « Gros et gras, le teint frais et la bouche vermeille »
comme le veut Molière[27] ; pour le triste Chatterton, il est parfait, même
si, « jeune, il exprima dans *Chatterton* les mélancolies et les révoltes du

---

25 Il est bon de rappeler que la chambre de Chatterton, située à l'étage, formait un décor
    complet exécuté par Charles Séchan ; pour les deux scènes qui s'y déroulent (le début de
    l'acte III), ce décor descendait des cintres et venait se loger sur le devant, dans l'espace
    resté libre au pied de l'escalier, qu'il masquait. Ce dispositif permettait au public de voir
    de près la scène de l'agonie (voir Barry Daniels, *Le Décor de théâtre à l'époque romantique*,
    BnF, 2003, p. 128, ill. n° 147, et Jacqueline Razgonnikoff (éd.), *Registre des machinistes de
    la Comédie-Française*, même vol., f° 166-167, p. 304).
26 Feuilleton du 19 janvier 1863, t. XVI, p. 429.
27 *Tartuffe*, acte I, sc. 4, v. 234, cité dans le feuilleton du 13 avril 1863, *ibid.*, p. 521.

génie méconnu avec une telle amertume, une telle passion et un tel délire que son succès était presque un danger[28] ».

Gautier clôt son feuilleton en s'élevant au-dessus des contingences de l'interprétation pour saluer une dernière fois Vigny auteur :

> Quel noble plaisir d'écouter religieusement cette belle langue aux mots choisis, aux périodes achevées, si vraiment française, malgré quelques emphases et quelques affectations, cette prose de poète, qui chante même lorsqu'elle parle ! Nous en sommes assez sevrés pour le goûter vivement. (p. 317)

Ce plaisir d'écouter la *prose* de Vigny, Gautier l'a moins souvent évoqué que celui de goûter son art du vers, mais encore une fois, en 1857, il est remarquable de le voir finir par cet éloge, qui suggère sans le dire que Dumas fils, Augier ou Sardou n'ont peut-être pas la même *classe*.

« *LE MORE DE VENISE* », DE MLLE MARS À ROUVIÈRE

Le vers de Vigny, nous le retrouvons justement en 1862 lorsque Gautier revoit et réentend sa traduction d'*Othello*, reprise, elle, encore plus longtemps après sa création à la Comédie-Française, le 24 octobre 1829. Comme pour *Chatterton*, Gautier ouvre son article en rappelant qu'il y était : « C'est à trente-trois ans de distance, presque jour pour jour, que nous avons revu *Le More de Venise*, d'Alfred de Vigny. Nous assistions presque enfant encore, mais déjà pris pour l'art de cet amour qui ne nous a pas quitté, à cette première représentation [...][29] ».

De son entrée à *La Presse* jusqu'à cette soirée de 1862, Gautier a souvent évoqué *Le More de Venise*, fût-ce en passant comme au début du feuilleton du 3 novembre 1838 : la nouvelle danseuse vedette de l'Opéra, Fanny Elssler, vient d'oser reprendre *La Fille du Danube*, ballet d'Adolphe Adam et Philippe Taglioni créé le 21 septembre 1836 par Marie Taglioni, dont ce fut la dernière création à Paris ; les tenants de la

---

28 Ces mots figurent dans le compte rendu de la représentation de retraite de Geffroy, feuilleton du 20 février 1865, à paraître en 2022 dans le t. XVII de la *Critique théâtrale*.

29 Feuilleton du 3 novembre 1862, t. XVI, p. 342.

danse pudique de Taglioni renâclent devant les audaces de la Viennoise, et pis encore si elle prétend voler les succès de celle qu'elle remplace :

> Il y a eu tumulte, émeute, bacchanal[30], bataille à coups de poing, bravos frénétiques, sifflets endiablés, comme au temps des plus belles exaspérations classiques et romantiques ; on se serait cru à une représentation du *More de Venise* ou d'*Hernani*. – Il est glorieux pour Mlle Elssler d'exciter de si vifs enthousiasmes et des répulsions aussi violentes[31].

Glorieux, en effet, mais surtout intéressant pour nous que Gautier cite, à côté de l'inévitable *Hernani*, la pièce de Vigny sûrement bien moins présente en 1838 dans les mémoires, mais qui elle aussi, à moindre échelle, eut à affronter la contestation. Pour le feuilletoniste c'est, en tout temps, une pièce importante, ne serait-ce que parce que c'est du Shakespeare, *le* dramaturge, à bien des égards, à ses yeux. Dix ans après le feuilleton que je viens d'évoquer, Gautier voit à l'Odéon *Macbeth*, traduit par Émile Deschamps et enfin créé le 23 octobre 1848 ; il s'en réjouit, parce que le poète français a osé garder « les beautés choquantes » de l'original[32]. La réussite à la scène de cette belle traduction prouve que le public est prêt, et Gautier demande : « À quand *Roméo et Juliette* ? la reprise d'*Othello* et *Le Marchand de Venise*, d'Alfred de Vigny[33] ? » Quelques mois plus tard, déçu des pièces médiocres par lesquelles Bocage vient d'inaugurer sa direction de l'Odéon, il revient à la charge un peu moins laconiquement :

> Le succès récent de *Macbeth* montre qu'un chef-d'œuvre traduit le plus exactement possible, joué avec conscience et mis en scène d'une façon pittoresque, fait de l'argent. On devrait bien aller demander à M. Alfred de Vigny sa

---

30 Emploi au masculin attesté dans la langue du temps au sens de « chahut ».
31 *Critique théâtrale*, t. I, 2007, p. 677.
32 Feuilleton du 30 octobre 1848, *ibid.*, t. VII, p. 717. – Cette expression de « beautés choquantes » apparaît plusieurs fois dans le feuilleton, en général pour louer Corneille (voir notamment *ibid.*, t. IV, p. 138 ; t. V, p. 138 également ; t. VI, p. 511, et l'article de Françoise Court-Pérez : « "Les beautés choquantes" : Corneille dans la critique dramatique de Gautier », *in* Myriam Dufour-Maître et Florence Naugrette [dir.], *Corneille des romantiques*, Publications de l'université de Rouen, 2006, p. 33-46).
33 Feuilleton cité, *loc. cit.* – *Roméo et Juliette*, traduit par Vigny et Deschamps, a été reçu le 15 avril 1828 à la Comédie-Française, mais n'y a pas été joué. Deschamps, après avoir fait les vers du *Roméo et Juliette* de Berlioz en 1839, reprit la traduction de 1828 et l'édita seul, au grand mécontentement de Vigny, en 1844, dans le même volume que *Macbeth*. Quant au *Marchand de Venise*, son adaptation a été évoquée au début du présent article.

traduction du *Marchand de Venise*, et remettre[34] son *Othello*, ne fût-ce que pour faire rentrer dans le néant la pauvre parodie de ce bon Ducis [...][35].

Traiter de « parodie » l'*Othello* de Ducis, créé par Talma au théâtre de la République le 26 novembre 1792, suffit à dire ce qu'en pense Gautier, qui évoque souvent Ducis en l'affublant de cette épithète condescendante de « bon ». Il revient à la charge quelques mois plus tard ; mis en belle humeur par la rentrée de Rachel dans *Phèdre*, il rêve d'un Théâtre-Français où il n'y aura plus que de bonnes pièces : « Nous serons débarrassés de l'*Othello* de Ducis, avec son Hédelmone, son Pézare, son double dénouement au choix des cœurs féroces ou sensibles ; l'*Othello* de Vigny le remplacera[36] ». Et en attendant on ira réentendre encore une fois l'*Otello* de Rossini, du Shakespeare adouci d'une autre manière, mais à quelle altitude ! Lorsque Mario et Mme Frezzolini donnent l'œuvre au Théâtre-Italien en 1854, c'est à Vigny que Gautier pense en les écoutant, quitte à citer inexactement :

> Elle a [Mme Frezzolini] dit la fameuse romance du saule à faire venir des larmes à tous les yeux. Ses longs vêtements blancs, sa pose poétique, ses doigts effilés interrogeant distraitement les cordes de la harpe, ses grands cheveux noirs défaits lui donnaient en chantant « Cette chanson de saule et d'amour malheureux » l'apparence d'une statue d'albâtre de la mélancolie[37].

Gautier a une autre raison de souhaiter voir enfin repris *Le More de Venise*, et cette raison est technique. Depuis toujours il milite pour l'adoption à la Comédie-Française du changement à vue, si prodigué dans les féeries et dont le remplacement par l'attente devant un « rideau de manœuvre » impatiente et déconcentre le public. Mais la maison de Molière est une des plus réticentes à se lancer dans de telles audaces, sauf

---

34 Reprendre. L'expression est courante dans le vocabulaire théâtral du temps.
35 Feuilleton du 30 avril 1849, t. VIII, p. 225.
36 Feuilleton du 3 décembre 1849, *ibid.*, p. 524. Sur son élan, Gautier imagine de voir aussi « l'*Hamlet* vraiment shakespearien de MM. Alexandre Dumas et Paul Meurice » chasser « l'*Hamlet* troubadour » du même Ducis (*ibid.*). Inutile de préciser qu'aucun de ces deux vœux ne fut exaucé. – Hédelmone et Pézare remplacent Desdémone et Iago dans l'*Othello* de Ducis, qui en effet proposait à la fin des éditions de sa pièce un dénouement heureux au choix des directeurs de théâtre.
37 Feuilleton du 4 avril 1854, t. XI, 2019, p. 649. – Le vers exact de Vigny est : « Une chanson de saule et de fatal amour » (acte IV, sc. 15, v. 2065, éd. Sylvain Ledda citée, p. 290).

dans de rares cas dont deux concernent Vigny. L'un, nous en avons parlé, c'est la descente depuis les cintres, à la vue du public, de la chambre de Chatterton ; l'autre, six ans plus tôt, se situe au premier acte du *More de Venise*, le seul des cinq à se passer à Venise (les quatre autres ont Chypre pour décor) ; or c'est Venise qui offre deux décors dans le même acte : d'abord une place, avec « *au fond le Rialto* », puis, à partir de la scène 7, « *les grands appartements du sénat*[38] ». Gautier ne mentionne pas moins de trois fois cette exception : au moment de rendre compte des *Caprices de Marianne*, où la réduction du nombre des décors par Musset lui-même dénature le dénouement et sa si belle scène du cimetière[39] ; après avoir vu la reprise de *Psyché* qui, « outre le mérite de montrer Molière sous un côté peu connu du public, [...] prouve la possibilité des décors multiples et des changements à vue au Théâtre-Français[40] », enfin, et l'écart de registre est amusant, lors de l'exhumation d'une farce de Molière dans laquelle l'administrateur, Édouard Thierry, a inséré des extraits de la pastorale inachevée *Mélicerte*, du même auteur :

> La Comédie-Française, pour transformer le salon de la comtesse d'Escarbagnas en bocage d'idylle, a risqué une sorte de *changement à vue*, infraction énorme aux usages traditionnels, et dont pour notre compte nous ne connaissons qu'un exemple : c'était en pleine révolution romantique, dans l'*Othello* d'Alfred de Vigny, où la scène passait d'une place de Venise à l'intérieur du sénat[41].

Modernisation technique et qualité de l'interprétation : nous avons là, à propos de Vigny, la réaffirmation de deux des pôles d'intérêt de Gautier dans sa pratique de la critique théâtrale. La difficulté de réunir, vingt ou trente ans après, des acteurs à la hauteur joue pour beaucoup dans le mélange d'impatience et de crainte qui habite le feuilletoniste à la veille de revoir les drames de sa jeunesse. Dans le cas du *More*, l'éventualité que le rôle puisse être repris par Rouvière, un de ces acteurs qui le fascinent, est pour lui porteuse d'un espoir de taille.

Philibert Rouvière (1809-1865) n'a pas d'abord été acteur, mais peintre, et assez bon pour exposer au Salon. Sa carrière scénique n'a

---

38 Éd. Sylvain Ledda, p. 171 et p. 182, avec dans le second cas la formule magique « *La scène change* ».
39 Voir le feuilleton du 16 juin 1851, t. IX, p. 461 et p. 466.
40 Feuilleton du 25 août 1862, t. XVI, p. 275.
41 Feuilleton du 4 juillet 1864, t. XVII, à paraître.

commencé qu'en 1839, à l'Odéon, sans grand éclat. Mais en 1846 Dumas lui confie le rôle-titre de l'adaptation qu'il vient de faire d'*Hamlet* avec Paul Meurice, et dès lors Gautier, toujours présent quand il s'agit de Shakespeare, suit toutes ses apparitions, à vrai dire sporadiques, sur les scènes parisiennes : Théâtre-Historique, Porte Saint-Martin, Odéon à nouveau, et même un court séjour de pensionnaire à la Comédie-Française, où son talent irrégulier et fougueux ne le fait pas bien voir ; à sa mort, il était délaissé et misérable, et Gautier a été, avec Baudelaire et Champfleury, un des rares à défendre son art inventif et atypique, et à en laisser des évocations saisissantes.

C'est à l'occasion d'une des reprises, par Rouvière, de l'*Hamlet* de Dumas et Meurice que Gautier exprime pour la première fois le souhait de le voir incarner Othello. « L'excellente traduction du comte Alfred de Vigny est inconnue de la génération actuelle », alors qu'on joue encore (de moins en moins, à vrai dire) « la fade imitation de Ducis » ; or Gautier, qui connaît assez Rouvière pour l'avoir rencontré hors de scène, l'a écouté lui « récit[er] les principales scènes du *More de Venise*, avec une passion et une énergie incomparables. Mais quand verrons-nous le noir Africain étouffer la blanche Desdemona ? Paris est si riche en génies, qu'il n'a pas un tréteau pour Shakespeare[42] ! »

Aussi, lorsqu'enfin est annoncée *la* reprise tant attendue, Gautier exprime-t-il son impatience devant les retards de dernière minute[43]. La pièce se joue, pour quelques représentations à partir du 27 octobre 1862, sur le boulevard du Temple, dans la salle, fermée mais non encore détruite, du Théâtre-Lyrique, qui a lui-même succédé en 1852 au Théâtre-Historique ouvert en 1847 par Dumas[44] ; Rouvière joue donc dans un lieu chargé de souvenirs divers… Comme pour l'article sur *Chatterton*, tentons de retenir l'essentiel du propos de Gautier.

Il ne commence pas par Rouvière mais par la question de la langue. Il cite, assez longuement, la « Lettre à lord *** sur la soirée du 24 octobre 1829, et sur un système dramatique », ce texte capital placé par Vigny en préface au *More de Venise* ; il choisit le passage où Vigny rappelle les

---

42   Trois fragments du feuilleton du 18 mai 1857, t. XIV, p. 65-66.
43   Voir le feuilleton du 27 octobre 1862, t. XVI, p. 336 puis p. 339.
44   L'endroit vient d'être repris par l'auteur dramatique Édouard Brisebarre (1815-1871) qui le rebaptise « théâtre du boulevard du Temple » et le dirige jusqu'à la fermeture définitive (21 octobre 1863).

aventures du mot « mouchoir » de Voltaire à Ducis et à Pierre Lebrun
adaptant en tragédie la *Marie Stuart* de Schiller[45] ; il poursuit de façon
plus personnelle par ses souvenirs du chahut qu'ont suscité certains
autres mots propres osés par l'auteur (et osés avant lui par Shakespeare,
qui évidemment était au-dessus de ce genre de convenances) :

> Tout terme naturel, toute phrase familière, tout détail un peu précis excitaient
> des murmures et faisaient oublier la beauté ou le pathétique des situations.
> Quand Desdemona priait Othello, qui ne voulait pas inviter Cassio le jour
> même, de le faire venir mardi matin ou mardi soir, ou même encore mercredi,
> avec le gracieux entêtement d'une jeune femme gâtée par son époux, ces mots
> mardi, mercredi, paraissaient tout à fait exorbitants et monstrueux à la partie
> raisonnable et classique de l'assemblée (p. 343-344)[46].

Cette entrée en matière permet à Gautier, après avoir évoqué par contraste
lui-même et ses amis d'alors, « jeunes fous, partisans des doctrines
nouvelles » (p. 344), de saluer les progrès du public, capable, trente
ans après, d'écouter Shakespeare avec respect *et* enthousiasme, ce qui
n'est pas contradictoire. Ce public mûri peut désormais comprendre la
« foi inaltérable » (*ibid.*) d'un Rouvière au service de *son* auteur : « Si les
théâtres se fermaient pour lui, il le jouerait dans une baraque foraine ;
une grange lui suffirait pour installer *Hamlet*, et il ferait vivre le prince
de Danemark aux yeux des paysans étonnés et ravis » (p. 344-345). Il se
consacre corps et âme à l'étude des attitudes à avoir, des costumes à porter,
des manières de dire le texte ; il a choisi de ne pas se grimer en Africain,
et il a eu raison, car « les Mores ne sont pas noirs » (p. 345)... et il faut
que Desdémone l'ait trouvé charmant, ce qui eût été inimaginable face
à un « nègre » (*sic, ibid.*). Gautier a visiblement été fasciné par l'art avec
lequel Rouvière fait tout d'abord preuve de la « nonchalance orientale »
du « lion à moitié endormi » (p. 346), puis se transforme du tout au tout :

> [...] au premier sifflement de la vipère, à cette phrase ambiguë d'Yago[47], *ceci
> me déplaît*, comme il dresse l'oreille, inquiet, troublé, soupçonneux déjà et

---

45 Voir le feuilleton du 3 novembre 1862, t. XVI, p. 342-343, et l'éd. Ledda, p. 161-162.
46 Le passage évoqué se trouve chez Vigny à l'acte III, sc. 2, v. 1022-1025 (éd. citée, p. 229-
    230) ; il reprend fidèlement le texte de Shakespeare.
47 Graphie fréquente au XIXe siècle, et qui est celle retenue par Vigny. – Ce mot d'Yago
    (*Le More de Venise*, acte III, sc. 2, v. 987) est répété par Othello dans la scène suivante,
    v. 1081 (éd. Ledda, p. 227 et p. 233).

sentant bouillonner dans ses veines, malgré le baptême qu'il a reçu, cette vieille jalousie islamique qui ne se fie qu'aux eunuques, aux grilles et aux verrous du sérail ! Peu à peu le poison, savamment infiltré goutte à goutte, envahit ce noble cœur et y produit comme une intoxication physique. À cette pensée de sa femme infidèle et le trompant avec Cassio, il tombe à terre hurlant, écumant, épileptique, foudroyé. (p. 347)

Pas sûr qu'aujourd'hui nous serions séduits par ces écarts de ce qu'en musique on appellerait la *dynamique*; mais Rouvière impressionne Gautier par son art de se couler dans l'excès même du texte shakespearien, dont celui de Vigny est le fidèle écho. Ici il est indispensable de citer encore, à défaut d'avoir été dans la salle :

Les pieds dans des pantoufles marocaines, les manches retroussées, demi-vêtu d'une gandoura serrée à la taille par une ceinture où est passé un yatagan, il va et vient, tantôt lent, tantôt fébrile, à travers cette chambre qu'éclaire à peine une lumière tremblotante, avec des mouvements de tigre et de singe tels qu'en ont les Orientaux quand ils sortent de leur impassibilité fataliste. C'était formidable et sinistre, et la salle, muette de terreur, attendait anxieusement la catastrophe. Rien n'égale la rage avec laquelle il pesait sur l'oreiller, comprimant les dernières convulsions de Desdemona. Le bond de jaguar qu'il fait pour tuer Yago, [...] la façon dont il se coupe la gorge, comme il fit jadis au Turc d'Alep[48] et dont il va tomber en râlant sur les marches du lit de sa victime, sont des effets d'une grandeur et d'une beauté toute shakespearienne. (p. 348)

Vigny choisit de faire tomber là le rideau final, supprimant la tirade de Lodovico au nom de « la nécessité que la dernière émotion soit la plus vive et la plus profonde[49] » ; l'émotion de Gautier, en tout cas, ne fait pas de doute, et elle vient tout entière ou presque de Rouvière. Nous ne savons pas ce que le jeune Gautier a pensé en 1829 de la Desdémone de Mlle Mars, à qui il ne vouait pas une admiration inconditionnelle (litote) ; en 1862 il a des mots juste aimables pour Olga de Villeneuve, jeune actrice tragique qui a fait récemment quelques tentatives sans suite à la Comédie-Française, et qui a « mélodieusement soupiré » son rôle (p. 348) ; quant à l'acteur qui a joué Yago, il était tellement « insuffisant » que Gautier ne le nomme même pas : « Il eût fallu que Rouvière pût se dédoubler » (*ibid.*).

---

48 C'est lui qui le dit au moment de se tuer (acte V, sc. 4, v. 2379-2384, *ibid.*, p. 311).
49 Note de Vigny, reproduite *ibid.*

Au-delà de leur intérêt intrinsèque, ces deux feuilletons de 1857 et
de 1862 s'inscrivent dans la réflexion plus générale menée par Gautier
sur le renouvellement de la production théâtrale. Le nombre des reprises,
souvent, le laisse perplexe ; peu avant celle du *More de Venise* il écrit par
exemple à propos de celle d'*Antony*, en 1862 aussi, à la Porte Saint-Martin :

> C'est, après tout, un spectacle ennuyeux et pénible que celui d'une époque
> qui rumine faute de pâture fraîche ; sans doute, il est bon de revoir, dans
> l'âge mûr, ce qu'on admirait dans sa jeunesse, et de faire de temps en temps
> l'inventaire du siècle. Le présent ne doit pas se séparer brusquement du passé,
> et il y a plus d'un enseignement à retirer de ces exhibitions rétrospectives ;
> cependant il est étrange que la génération actuelle n'essaye pas de dire son
> mot, de donner sa formule, d'indiquer son idéal. Un ordre de choses, différent
> de celui où nous avons vécu, doit amener des postulations nouvelles [...][50].

À défaut de les voir s'exprimer, ou s'exprimer plus clairement, va pour
les reprises, surtout s'il s'agit d'une merveille comme *La Nonne sanglante*,
créée justement moins d'une semaine après *Chatterton*, mais dans un style
bien différent : « [...] en notre qualité d'ancienne crinière romantique,
nous aimons ces grandes machines [qui] nous semblent préférables à ces
grises photographies de la réalité que le théâtre actuel encadre dans son
passe-partout[51] ». Mais il s'en faut que les reprises soient toutes aussi
enthousiasmantes. Quand Dumaine et Mlle Duverger, « qui tous les
deux ont du talent », jouent en 1862 Antony et Adèle d'Hervey à la
place de Bocage et de Marie Dorval, que subsiste-t-il de « cette passion
ardente si audacieusement peinte et qui ne semblait pas exagérée alors » ?
Ils jouent de leur mieux. « Mais ce n'est plus cela ; on aime aujourd'hui
d'une façon tranquille, et la mode des gilets est changée[52]. »

Il faut donc être particulièrement reconnaissant à Geffroy, en 1857, et
à Rouvière, en 1862, d'avoir su restituer l'essentiel. Ils ont pu s'appuyer
pour cela sur l'élégance et la fermeté d'une écriture théâtrale aussi
maîtrisée en prose qu'en vers ; en dernier ressort toutefois, c'est le vers
que Gautier préfère, et plus encore parce que c'est Shakespeare, et parce

---

50   Feuilleton du 30 juin 1862, t. XVI, p. 237. *La Nonne sanglante*, mélodrame tiré d'un
     épisode du *Moine* de Lewis par Anicet-Bourgeois et Mallian, a été créée par Mlle George
     à la Porte Saint-Martin le 17 février 1835.
51   Feuilleton du 30 mai 1864, *ibid.*, t. XVII à paraître.
52   Trois autres extraits (dont la dernière phrase) du feuilleton du 30 juin 1862 cité, t. XVI,
     p. 238.

que c'était Rouvière. C'est très bien dit au début de la nécrologie de Vigny par laquelle s'ouvrait notre parcours, et ce sera notre mot de la fin ; la citation est sévère pour l'inertie de la Comédie-Française, mais rend l'hommage qui convient à Vigny lui-même :

> Malgré son dégoût pour les luttes grossières du théâtre, il [Vigny] traduisit l'*Othello* de Shakespeare avec une fidélité courageuse, et le livra aux orages du parterre. Cette traduction, où l'exactitude ne produit nulle part la gêne et qui a toute la liberté d'une œuvre originale, n'est pas restée au répertoire, et ce n'est qu'après un intervalle de plus de trente ans que Rouvière l'a ressuscitée pour jouer *Le More de Venise* sur un théâtre du boulevard[53].

Resterait une question, sans doute insoluble : et maintenant ? pourrions-nous encore, avec ou sans une Dorval, avec ou sans un Rouvière, accéder réellement à la jeunesse scénique qui fut celle du *More de Venise* et de *Chatterton*, si un courageux s'avisait de les remettre en scène ? La coupe des gilets, il faut en convenir, a vraiment changé...

Patrick BERTHIER

---

53 Feuilleton du 28 septembre 1863 cité, *ibid.*, p. 668.

L'OMBRE DE *CINQ-MARS*

Vigny dans la première *Revue de Paris*
(1829-1834)

Par sa position dans le champ de la presse littéraire à l'âge romantique[1], la *Revue de Paris* représente pour un auteur comme Vigny un moyen particulièrement adapté à la publication d'une œuvre de longueur moyenne : poème, proverbe, nouvelle... Mais le lecteur compulsant les volumes du périodique fondé par le Dr Véron en 1829 se heurte à une absence remarquable : tous les principaux écrivains romantiques (Lamartine, Hugo, Nodier, Sainte-Beuve, Delavigne, Musset, Desbordes-Valmore, Janin, Sand...) publient dans la *Revue de Paris*, sauf Vigny. Néanmoins, l'importance de la production vignéenne s'impose à la *Revue* dans sa partie critique : « M. de Vigny est du petit nombre d'écrivains dont chaque production éveille une attention sérieuse dans le public et le monde littéraire[2] ». Il n'est ainsi pas une œuvre de Vigny publiée à partir de 1829 qui ne fasse l'objet d'un compte rendu plus ou moins développé. S'intéresser à la place de Vigny dans la *Revue de Paris* ne revient donc pas seulement à étudier la réception de ses œuvres mais aussi à comprendre l'image de Vigny que construit la première grande revue littéraire française.

---

1   Voir notre étude *La* Revue de Paris *(1829-1834) : un « panthéon où sont admis tous les cultes »*, Paris, Honoré Champion, coll. « Romantisme et modernités ». À paraître.
2   « Théâtres », *Revue de Paris*, 2e série, t. XXII, 1re liv., 4 octobre 1835, p. 72.

LES RAISONS D'UNE ABSENCE

La lecture du *Journal d'un poète* laisse peu de doutes quant à son aversion pour la presse. En 1832, il déplore l'influence de la presse sur l'éloquence (« La presse dévorera l'éloquence : elle l'a déjà mangée à demi[3] ») mais aussi la dimension voyeuriste du « théâtre dans le journal » :

> La passion du monde est de voir. Si les hommes pouvaient tous voir ce que fait chacun, s'ils pouvaient se construire un théâtre assez vaste pour y voir agir les *grandeurs* et les *célébrités*, ils seraient heureux et transportés chaque jour. – C'est pour cela qu'ils ont créé le théâtre ; mais le théâtre ne parle que du passé ou ne s'explique sur les événements présents que par des allusions très détournées. Il a fallu un théâtre de chaque jour où des grands personnages vinssent jouer le matin leur rôle de la veille, ou le soir celui du matin ; où les spectateurs fussent vingt, cent, huit cents, mille à la fois ; où tous les yeux d'un peuple fussent attentifs à la même scène, au même moment, sans que les spectateurs eussent besoin de quitter leur demeure ; ce théâtre a été fait, ce théâtre, c'est un journal.
>
> Là viennent jouer tous à la fois les peuples et les rois. Acteurs, observez-vous bien ! tous vos gestes sont remarqués et comptés, le monde a tous ses yeux ouverts sur vous. L'applaudissement est rare ! le murmure fréquent. Hâtez-vous surtout de changer de scènes, car en un jour une scène est usée et elle use et dévore votre nom, ou, si ce n'est elle, c'est celle que joue une autre célébrité dans quelque autre coin du globe.
>
> Celui qui fait mouvoir chaque jour à son gré ces personnages vivants, celui qui les présente sur son théâtre, dans le sens et sous le jour qui lui plaît, celui qui les grandit ou les rapetisse à son gré, c'est le journaliste ! Ce sera toi demain, si tu veux ! Vois si tu trouves assez vaste cette occupation[4] !

Sur ce point, l'avis de Vigny ne semble pas varier au fil des années : en 1834, « [la] presse est une bouche forcée d'être toujours ouverte et de parler toujours[5]. » Pourtant, ces affirmations ne doivent pas masquer sa participation à la presse de son temps. Dans une étude sur Vigny journaliste, Patrick Berthier a montré que ses contributions, certes peu nombreuses, s'étalent sur une période qui va de 1820 à 1841, avec à

---

3   Alfred de Vigny, *Journal d'un poète*, éd. Louis Ratisbonne [Alphonse Lemerre, 1885], Paris, L'Harmattan, coll. « Les Introuvables », 1993, p. 69.
4   *Ibid.*, p. 72-73.
5   *Ibid.*, p. 99.

chaque fois des thèmes précis : « [On] peut distinguer un groupe d'articles touchant surtout à la poésie (jusqu'à 1832), un autre (de 1830 à 1835) centré sur le théâtre, et en partie sur Marie Dorval, la maîtresse du poète [...], enfin le grand texte de 1841[6]. » Surtout, on sait le lien qui a uni Vigny à Buloz et à la *Revue des deux mondes*, étudié en son temps par Marie-Louise Pailleron[7], et plus récemment par Amélie Calderone[8], qui a parfaitement mis en lumière le fait que pour Vigny, « la *Revue* est un moyen-terme entre la publicité et l'exigence intellectuelle, un lieu au sein duquel les ambitions philosophiques et sociales de l'auteur, teintées d'un paradoxal saint-simonisme élitiste, vont trouver un public, sans pour autant que celui-ci se confonde avec le *profanum vulgus*[9]. » Plus ambitieuse que le journal, moins noble que le livre, la revue occupe une place intermédiaire dans le champ éditorial, et la plus haute place dans celui de la presse.

Vigny a donc pratiqué le journalisme et a considéré, dans les années 1830, que la *Revue des deux mondes* pouvait être un recueil digne d'accueillir ses écrits. Alors pourquoi n'a-t-il jamais écrit dans la *Revue de Paris*, qui précède et sert de modèle à la *Revue des deux mondes* ? Dans un article intitulé « La *Revue de Paris* au dix-huitième siècle », Jules Janin laisse pourtant transparaître un véritable espoir de lire bientôt un texte de Vigny :

> D'ailleurs, le tout était de fonder ; les hommes ne manquent jamais à une œuvre commencée, mais les fondements sont difficiles. On se permet quelques manœuvres en attendant l'architecte. Vous avez encore des hommes à connaître : le maître du roman dramatique en France, M. Alfred de Vigny, narrateur à la façon de Froissart, n'a pas encore paru dans nos rangs ; occupé au tombeau de Poussin, M. de Châteaubriand [*sic*] ne nous a pas encore ouvert ses trésors ; M. Villemain s'est retiré sous sa tente, peut-être attendant la mort d'Hector pour paraître. La *Revue* tient en réserve de solennelles promesses[10].

---

6   Patrick Berthier, « Y., 1831 ou Vigny journaliste » dans *Poétique de Vigny*, Sylvain Ledda et Lise Sabourin (dir.), Paris, Honoré Champion, coll. « Romantisme et Modernités », 2016, p. 306.

7   Dans *François Buloz et ses amis. La Vie littéraire sous Louis-Philippe*, nouv. éd. rev., Paris, Firmin-Didot, 1930, p. 22-65.

8   Dans « La publication de *Quitte pour la peur* dans la *Revue des deux mondes* : théâtre-chaire ou théâtre d'élite ? » dans *Poétique de Vigny*, *op. cit.*, p. 159-182.

9   *Ibid.*, p. 171.

10   Jules Janin, « La *Revue de Paris* au dix-huitième siècle », *Revue de Paris*, t. VII, 1re liv., 4 octobre 1829, p. 41.

Est-ce une erreur de Janin ou un appel à ces auteurs ? Quoi qu'il en soit, des trois écrivains cités, seul Vigny ne collaborera jamais avec la *Revue de Paris*, qui semble avoir pourtant désiré sa participation à l'œuvre commune. À cela s'ajoute le fait que Vigny appartenait aux mêmes cercles que bon nombre des auteurs publiant dans la *Revue*. Il est en effet lié à Nodier, l'une des éminentes figures de la *Revue*, et à son salon de l'Arsenal, fréquenté par plusieurs collaborateurs qu'il a connus au temps de *La Muse française* (Véron, directeur de la *Revue de Paris*, mais aussi Hugo, Latouche, Malitourne, Louise Belloc) ou plus récemment (Lamartine, Pichot, Janin...). Vigny est aussi proche du Cénacle de Hugo, qui fournit plusieurs auteurs à la *Revue*. Néanmoins, les membres du Cénacle qui participent à la Revue sont déjà, pour beaucoup, des habitués de l'Arsenal : Nodier, Sainte-Beuve, Balzac, Musset, Janin, Delacroix, Latouche. À ceux-là s'ajoutent certains libéraux, comme Mérimée et Magnin, introduits dans le Cénacle par Sainte-Beuve. Enfin, Vigny fréquente le salon de Mme O'Reilly, épouse du gérant du *Temps*, où se côtoient au début des années 1830 plusieurs collaborateurs de la *Revue de Paris* : Ballanche, Victor Schœlcher, Stendhal, Loève-Veimars, Musset, Théodore Leclercq, Delacroix, Balzac et Mérimée. Ces listes de noms rendent d'autant plus remarquable la non-participation de Vigny à la *Revue de Paris*, dont il côtoyait sans cesse les membres. A-t-il parlé d'une possible collaboration à Janin ? C'est possible, mais plusieurs éléments expliquent son silence dans les pages de la *Revue*. Le premier est une règle qui est au cœur même de l'identité de la *Revue de Paris* : tous les articles sont signés par leur auteur. Aux yeux des écrivains, l'attrait de la *Revue* est renforcé par une simple phrase de la « Préface », qui change à peu près tout dans le rapport des collaborateurs au périodique : « Tous les articles de la *Revue de Paris* seront signés[11]. » Si l'on en croit Sainte-Beuve, c'est en partie la présence de la signature au bas de chaque article qui l'a décidé à collaborer, en plus du niveau de rémunération :

> J'écris à la *Revue de Paris* ; c'est un recueil un peu hétérogène, on signe ses articles en toutes lettres, et par conséquent on ne répond que de ce qu'on a signé. C'est bien payé, *deux cents francs la feuille* ; c'est, entre nous, ce qui m'a décidé[12].

---

11   Louis-Désiré Véron, « Préface », *Revue de Paris*, t. I, 1re liv., 12 avril 1829, p. VII.
12   Charles-Augustin Sainte-Beuve à Louis-Jules Loudierre, 23 avril 1829, dans Sainte-Beuve, *Correspondance, 1822-1865*, éd. Jules Troubat, Paris, Calmann-Lévy, 1877-1878, 2 vol., t. I, p. 17.

Or, ce qui décide Sainte-Beuve est pour nous la principale raison qui empêche Vigny de donner un article à la *Revue de Paris*. Avant 1831 et le début de *L'Almeh*, donné à la *Revue des deux mondes*, Vigny ne publie aucun article de presse en son nom. Les articles critiques de 1831 pour la revue de Buloz sont d'ailleurs signés d'un simple « Y. », signature qui « sera connue en deux jours[13] » mais qui atteste une volonté de conserver, quand il ne s'agit pas d'une œuvre littéraire, un masque voilant sa véritable identité. Cette cause principale de l'absence de Vigny dans la *Revue de Paris* peut être complétée par des raisons secondaires, notamment par le fait que Vigny ne donne aucun article à des périodiques entre le 29 novembre 1828, avec la publication de son article critique sur un recueil de Deschamps[14], et le 6 avril 1831, avec la « Première lettre parisienne[15] » donnée à *L'Avenir* de Montalembert et Lamennais[16]. Enfin, Véron ne semble pas avoir eu la même capacité que Buloz de convaincre Vigny de publier en revue.

Tous ces éléments permettent d'expliquer l'absence de Vigny des pages de la *Revue de Paris*. Cependant, à défaut de pouvoir lire des œuvres inédites de l'auteur de *Stello*, le lecteur de la *Revue* peut y trouver des articles critiques portant sur son œuvre, où domine la référence au chef-d'œuvre de 1826.

INDÉPASSABLE *CINQ-MARS*

La première mention de Vigny dans la *Revue de Paris* est représentative de l'image de l'auteur dans la *Revue* entre 1829 et 1834. Dans le troisième article contenant ses « Souvenirs et portraits de la Révolution française », consacré à la réaction thermidorienne et aux Compagnies de Jésus, Nodier prie le lecteur d'excuser l'absence d'organisation de ses souvenirs :

---

13 Vigny à Montalembert, vers le 1er avril 1831, dans *Correspondance d'Alfred de Vigny*, Madeleine Ambrière *et alii*. (dir.), t. II, Paris, P.U.F., 1991, p. 56.
14 « *Études françaises et étrangères* par M. Émile Deschamps », *La Quotidienne*, 29 novembre 1828.
15 Y., « Première lettre parisienne. Mœurs et beaux-arts », *L'Avenir*, 6 avril 1831.
16 Nous restons dubitatifs quant à l'attribution à Vigny de l'article sur *Les Serfs polonais* de Lemercier paru dans *Le Globe* le 18 juin 1830.

> Dans ces réminiscences amassées sans ordre, et traduites sans méthode, je
> ne me suis certainement avisé d'aucun système de composition, mais quel
> tableau, grand Dieu, pour ces grands écrivains qui sont de grands peintres,
> un Walter Scott, un Victor Hugo, un Alfred de Vigny, que celui de ces jours
> d'exception dont le caractère indéfinissable et sans nom ne peut s'exprimer
> que par les faits eux-mêmes, tant la parole est impuissante pour rendre cette
> confusion inouïe des idées les plus antipathiques, cette alliance des formes
> les plus élégantes et des plus implacables fureurs, cette transaction effrénée
> des doctrines de l'humanité et des actes des anthropophages[17] !

En plaçant Vigny à la suite de Scott et de Hugo, Nodier fait de lui un
« grand peintre » d'histoire romantique. En 1829, Vigny est avant tout
l'auteur du premier roman historique français, *Cinq-Mars*, et il le reste
pendant plusieurs années. On se souvient que Janin espère compter parmi
les collaborateurs de la *Revue* « le maître du roman dramatique en France,
M. Alfred de Vigny, narrateur à la façon de Froissart ». Autour de 1830,
c'est très souvent que Vigny est ramené à son roman historique publié
en 1826. Nodier, encore lui, le hisse au niveau de Hugo – à moins que
ce soit l'inverse – quand il s'agit de posséder le pouvoir de redonner vie
aux époques disparues :

> Dites, ô vous pour qui la beauté a toujours des inspirations, pour qui l'amour
> a toujours des regards et un langage, ce que la beauté et l'amour réunissent
> d'enchantements dans les chroniques du Moyen Âge, dans les suaves chansons
> des troubadours, dans les fables romantiques des paladins ; et si vous ne pos-
> sédez pas le secret de ressusciter le passé, si vous ne savez pas ces paroles qui
> font relever les morts tout debout de leurs cercueils, dans la douceur de leur
> innocence et dans la verdeur de leur courage, avec des bouquets de fiancées
> et des armures de chevaliers, demandez à Victor Hugo, demandez à Vigny
> quelqu'une de ces palingénésies qui ne sont qu'un jeu pour leur baguette[18].

Nodier redit ainsi, deux ans après son article mémoriel, la valeur du
récit historique de Vigny, que le Hugo de *Notre-Dame de Paris* vient
d'égaler[19]. Vigny et Hugo sont, pour la *Revue de Paris*, les deux seuls

---

17 Charles Nodier, « Souvenirs et portraits de la Révolution française. IIIe article : De la
    réaction thermidorienne et des Compagnies de Jésus », *Revue de Paris*, t. II, 2e liv., 17 mai
    1829, p. 79.
18 Charles Nodier, « De l'amour, et de son influence, comme sentiment, sur la société
    actuelle », *Revue de Paris*, t. XXV, 4e liv., 24 avril 1831, p. 217-218.
19 Voir le compte rendu élogieux de *Notre-Dame de Paris* dans le t. XXIV, 4e liv., 27 mars
    1831, p. 258-262.

grands romanciers français capables de se frotter au maître écossais, Scott. D'ailleurs, quand Vigny fait paraître *Stello* en 1832, l'auteur de la recension, sans aucun doute Amédée Pichot, regrette que l'auteur n'ait pas à nouveau mis son talent au service du roman historique :

> Le *Cinq-Mars* de M. A. de Vigny a été longtemps le meilleur roman de la ci-devant jeune école, le diamant de la couronne romantique. Il ne faut pas s'étonner si la jeune école, qui compte aujourd'hui quelques cheveux gris à sa tête, a tant vanté ce chef-d'œuvre unique dans ses préfaces-manifestes. C'était d'ailleurs un essai heureux de roman historique, où il y avait beaucoup à louer, quoique dans un autre ordre de beautés que celles de *Notre-Dame de Paris*, dont le succès est venu enfin faire pâlir le succès de *Cinq-Mars*. Nous espérons que M. A. de Vigny ne se tiendra pas pour battu, et ne laissera pas du moins la palme au jeune vainqueur sans avoir tenté un nouvel effort dans cette lice, où il ne voudrait pas qu'il fût dit qu'il ne triompha un jour que faute de combattants. Nous l'attendons par conséquent à un second roman historique ; mais nous serions injustes si nous laissions passer *Stello* inaperçu, malgré notre regret de voir que M. A. de Vigny, au lieu de relever à son tour le gant de *Notre-Dame*, ait préféré lutter avec Sterne et Hoffmann, au risque de compromettre son talent dans le jeu d'un pastiche[20].

Il n'est pas étonnant que Pichot, éminent angliciste et traducteur de Scott, préfère le roman historique à ce qu'il considère comme un récit fantaisiste – rarement Pichot sera autant passé à côté de la nature profonde d'une œuvre, en dehors de celles de Balzac qu'il déteste. Mais Pichot est comme la *Revue*, qui accorde un intérêt particulier au roman historique, qu'elle semble considérer comme le genre le plus noble, influencée en cela par la production scottienne. La *Revue* est ici de son temps, Patrick Berthier rappelant que le roman historique est la « vedette » du moment et que « cette branche active du genre romanesque occupe plus que jamais le devant de la scène[21]. » Quand bien même la *Revue* a participé à la diffusion en France de l'œuvre hoffmannienne, celle-ci reste aux yeux de la critique du temps une forme de création bien moins noble que celle qui prend l'histoire pour sujet, ce qui explique la réception plutôt froide de *Stello*. Car en dehors d'un éloge de l'épisode de Mlle de Fontanges et de celui de Chénier, Pichot éreinte la prétention philosophique de

---

20   E., « *Stello*, un volume in-8°, par M. le comte A. de Vigny », « Album », *Revue de Paris*, t. XXXIX, 2ᵉ liv., 10 juin 1832, p. 128-129.

21   Patrick Berthier, *La Presse littéraire et dramatique au début de la monarchie de juillet (1830-1836)*, Lille, A.N.R.T., coll. « Thèse à la carte », 1997, 4 vol., t. III, p. 1291.

l'œuvre : « le *Dada*, le *Hobby-Horse* de nos romanciers, est de faire croire qu'une pensée philosophique se cache au fond de leur œuvre la plus frivole [...]. Il y a donc une morale dans *Stello*, ce dont je ne me doutais guère ni vous non plus peut-être, avant que l'auteur nous l'eût dit à sa dernière page[22].» Passé à côté, disions-nous...

Ainsi Vigny est-il le plus souvent ramené à *Cinq-Mars*. C'est encore le cas lorsque Alexis Le Go, rendant compte du Salon de 1833, donne une critique sans détours du tableau de Jean Alaux intitulé *Poussin, arrivant de Rome, est présenté à Louis XIII par le cardinal de Richelieu* : « Le livret nous dit qu'il y a là de Thou et Cinq-Mars. Mais M. Alfred de Vigny les reconnaîtrait-il, le romancier poète, que M. Paul Delaroche avait eu soin de lire avant de les faire traîner à la remorque sur le Rhône par le bateau du cardinal-ministre[23] ? » Vigny apparaît ici non seulement comme l'auteur de *Cinq-Mars* mais aussi comme une référence dans la représentation littéraire de l'Histoire. C'est en effet l'avis de l'auteur du compte rendu sur *L'Abbesse des Ursulines ou le Procès d'Urbain Grandier,* drame en trois actes et en prose de Charles Desnoyers et Julien de Mallian. Le critique revient sur la querelle entre classiques et romantiques et fait de Vigny l'un des hommes les plus talentueux et raisonnables de la nouvelle école :

> La révolution nouvelle passera dans la littérature. C'est une conséquence prévue que chacun lit dans l'avenir, et déjà elle nous poursuit. Depuis la restauration, l'art dramatique n'a été réellement qu'une lutte pénible entre les traditions belles et inimitables de nos pères et une fermentation indécise de tous les esprits vers des besoins scéniques nouveaux et d'aventureuses émotions. Les souvenirs de l'empire, les idoles de l'ancien régime, les adorations exclusives, les dédains injurieux, ont tour à tour subi l'anathème de la mode et la censure du public. Aucune auréole n'a évité la tourmente. Tandis que la question se débattait sur les planches avec cette ardeur de polémique littéraire qui rappelait aux vieilles têtes les matinées délicieuses du café Procope, des études pleines de conscience et de talent préparaient des théories et disposaient des matériaux. Nous avons vu de jeunes imaginations sacrifier la gloire des triomphes faciles à l'enquête rude et laborieuse de l'originalité du vrai. C'est ainsi que Mérimée, Vitet, Barante, de Vigny, ont jeté les bases d'un avenir qu'ils verront en fondateurs et non plus en athlètes. Ils creusaient en silence

---

22 E., «*Stello*, un volume in-8°, par M. le comte A. de Vigny », art. cité, p. 129.
23 Alexis Le Go, « Le Salon de 1833. IIIe article », *Revue de Paris*, t. XLVIII, 4e liv., 24 mars 1833, p. 271. Le Go fait évidemment référence au tableau de Paul Delaroche, *La Barque du cardinal de Richelieu sur le Rhône*, exposé au Salon de 1831.

le lit du fleuve, s'inquiétant peu des torrents qui entraveraient son cours, des alluvions qui saliraient ses eaux, des crues indociles qui mineraient ses rives[24].

En mettant côté à côte les auteurs de la *Chronique du temps de Charles IX*, des *Barricades*, de l'*Histoire des ducs de Bourgogne de la maison de Valois* et de *Cinq-Mars*, le critique inscrit Vigny non seulement dans une école littéraire mais aussi plus largement dans un courant de refondation des sciences historiques[25]. Littérature et historiographie sont intrinsèquement liées, tant il est difficile de les distinguer « quand toutes deux ambitionnent d'inventer ensemble une nouvelle poétique de l'histoire[26] ». Mais tout le monde n'est pas Vigny, dont « [l']admirable épisode d'Urbain Grandier [...] était un choix heureux pour une pièce de mouvement et d'intérêt ; mais le vide de l'intrigue, le décousu du plan et la faiblesse des caractères, neutralisent en partie l'inévitable horreur attachée à tous les incidents de cette tragique histoire[27] ». Vigny est bien « le maître du roman dramatique », et le passage du roman à la scène est une entreprise hardie et ardue. Mais cette difficulté semble concerner également Vigny, dont l'œuvre dramatique, et plus encore poétique, reçoit un accueil moins favorable.

PERFECTIBILITÉ DU THÉÂTRE, INVISIBILITÉ DE LA POÉSIE

Le degré d'exigence de la critique dramatique de la *Revue de Paris* est bien supérieur à celui de la critique romanesque. Là encore, la *Revue* est particulièrement représentative de son temps, qui place le théâtre au sommet de la hiérarchie des genres. Alors, quand Vigny fait donner *Le*

---

24 « Théâtre de l'Odéon. *L'Abbesse des Ursulines*, drame en 3 actes et en prose », « Album », *Revue de Paris*, t. XX, 2ᵉ liv., 14 novembre 1830, p. 118-119.

25 Sur les débats historiographiques dans la presse, nous nous permettons de renvoyer à notre article « Débats historiographiques et médiévisme érudit dans les revues sous la Restauration » dans Alain Corbellari et Fanny Maillet (dir.), *Le Médiévisme érudit en France de la Révolution au Second Empire*, Genève, Droz, à paraître.

26 Claude Millet, *Le Romantisme. Du bouleversement des lettres dans la France postrévolutionnaire*, Paris, LGF, coll. « Références », 2007, p. 141.

27 « Théâtre de l'Odéon. *L'Abbesse des Ursulines* », art. cité, p. 119.

More de Venise au Théâtre-Français, l'événement offre à Philarète Chasles l'occasion d'exprimer toutes ses réserves quant au drame romantique[28]. Le 1er novembre 1829, Chasles donne un compte rendu anonyme du *More de Venise*, représenté le 4 octobre sur la scène du Théâtre-Français. Il porte un regard de spécialiste sur la traduction de Vigny, qu'il n'épargne pas :

> Fidèle et infidèle à la fois à son modèle, tantôt exagérant la familiarité du dialogue, tantôt supprimant ces traits vifs et spirituels qui suppléent au défaut d'action ; plus brillant tour à tour ou plus trivial que Shakespeare ; enchérissant et sur le coloris de ses tableaux et sur la naïveté de ses élans, M. Alfred de Vigny (et cette sévérité n'étonnera pas son talent), n'a point traduit Shakespeare. Souvent il a respecté la forme, et la profondeur du sens lui a échappé : souvent il a cru embellir son auteur, et cette parure, en le chargeant de paillettes modernes, a défiguré cette antique physionomie : c'était le chef-d'œuvre de l'adresse, et disons-le, du génie, que M. de Vigny prenait l'engagement d'accomplir. Il s'agissait de vaincre la distance des lieux, des époques, des idées, du langage ; à peu près comme cette jeune fille qui, pour le succès de son amour, ne demandait à Dieu que deux choses, d'anéantir l'espace et le temps. Dans plusieurs morceaux d'éclat et de verve, dans l'adieu du More aux plaisirs et aux dangers de la guerre, dans la grande scène d'Iago, dans ses monologues, nous avons pu dire : « Voilà Shakespeare » : M. de Vigny l'avait compris ; sa pensée s'était laissé pénétrer par la pensée de l'auteur anglais. Mais dans les scènes comiques ou naïves, si écourtées ; dans les vifs et pressants dialogues ; dans tout le reste enfin, ce n'était plus Shakespeare. La froideur systématique du jeu de Joanny et le peu de mouvement imprimé par les acteurs à des rôles inaccoutumés, complétaient ce travestissement ; et quoique la contexture extérieure du drame fût conservée, il fallait dire du pauvre William ce que Iago dit de lui-même : « C'est lui, ce n'est pas lui[29]. »

Si Chasles reconnaît à Vigny d'avoir fait sentir la force de Shakespeare, il ne peut s'empêcher de relever dans la traduction des approximations qui modifient le texte original. L'entreprise de Vigny semble néanmoins aller dans le sens souhaité par Chasles, celui d'une « ère d'indépendance littéraire d'où le servage des romantiques soit banni, et le vasselage du classicisme repoussé[30] ». La critique dramatique de la *Revue*, en ces années 1829-1830, est dominée par la figure de Chasles, qui prône un renouvellement littéraire à mi-chemin entre classicisme et romantisme.

---

28 Nous reprenons ici plusieurs éléments de notre étude sur la *Revue de Paris*.
29 [Philarète Chasles,] « *Le More de Venise* de Shakespeare, et la traduction de M. Alfred de Vigny », « Album », t. VIII, 1re liv., 1er novembre 1829, p. 52.
30 *Ibid.*, p. 55.

Il défend les plaisirs de l'esprit « qui satisfont l'esprit et fortifient l'âme, loin du bruit des sectes contraires, loin des cris importuns de toutes les écoles[31] », il veut « ramener insensiblement les masses vers un éclectisme raisonné[32] ». Il dénonce par ailleurs « la prépondérance décisive que la partie matérielle de l'art a fini par conquérir dans toute l'Europe. Il se matérialise de jour en jour ; d'intellectuel qu'il était, il devient industriel et mécanique[33]. » Chasles n'est donc pas un fervent partisan du romantisme, dans lequel il voit une forme extrême du renouveau littéraire.

La Maréchale d'Ancre, elle, est jouée à un moment où la *Revue de Paris* prend la défense du drame romantique. En 1831, alors que Chasles a abandonné la critique dramatique dans la *Revue*, le théâtre romantique obtient des critiques tout à fait favorables, dont Vigny est le premier, chronologiquement, à profiter. *La Maréchale d'Ancre* est en effet l'objet d'un compte rendu très élogieux, même si le rédacteur commence par indiquer que le drame de Vigny n'est pas encore tout à fait un « drame historique[34] ». Comme le Dumas de *Henri III et sa cour*, Vigny a mêlé du roman à l'histoire, selon la fausse croyance que le public préférerait le conte à la chronique. Or, ce mélange des genres ne donne pas naissance à un drame historique mais à un « drame hermaphrodite[35] », ni roman ni histoire. Il est donc reproché à Vigny d'avoir transposé au théâtre ce qu'il avait fait avec le roman : « en voyant dans *La Maréchale d'Ancre*, M. Alfred de Vigny, s'éprendre d'une donnée historique, l'étudier avec un consciencieux amour, la formuler pour la scène, puis cependant se croire oblig[é] de la frelater de roman pour la mener à bien, nous craindrions que sur l'autorité de ces exemples il ne finît par s'établir comme précédent que les formes historiques prises dans leur grandiose sévérité sont impossibles à la scène, et c'est contre cette doctrine que nous croyons utile de protester[36]. » Malgré ces reproches esthétiques et

---

31 Chasles, « L'hôtesse de Virgile », t. VIII, 2ᵉ liv., 8 novembre 1829, p. 79.

32 Chasles, « Des drames merveilleux et fantastiques de Shakespeare. 1ᵉʳ article – *Midsummer Night's Dream. The Tempest* », t. VIII, 4ᵉ liv., 22 novembre 1829, p. 207.

33 Chasles, « De la situation actuelle du théâtre en France – *Une fête de Néron*, tragédie nouvelle, par MM. Soumet et Belmonté, représentée le 29 décembre 1829 au théâtre de l'Odéon », t. X, 3ᵉ liv., 17 janvier 1830, p. 196.

34 « Théâtre de l'Odéon – *La Maréchale d'Ancre*, drame en cinq actes, par M. Alfred de Vigny », « Chronique », t. XXVIII, 2ᵉ liv., 10 juillet 1831, p. 124.

35 *Ibid.*, p. 125.

36 *Ibid.*, p. 124-125.

poétiques, le rédacteur finit néanmoins par s'incliner devant la beauté de *La Maréchale d'Ancre* :

> Assez dramatiques déjà pour aller à l'âme, sous quelques formes qu'elles lui eussent été jetées, les inventions du poète sont ici réalisées dans une forme si avenante, si convenable, si profondément sentie ; elles ont été si bien poussées au relief, si vivement colorées, qu'il n'y avait pas de prétention de succès qu'il ne pût fonder sur elles, pas de préoccupation qu'elles ne dussent exciter. Aussi, toutes réserves faites au profit du genre historique, qui ne nous paraît pas avoir [été ?] cette fois traité avec la religion jalouse qui doit un jour le créer, sommes-nous prêts à ranger l'œuvre de M. de Vigny à un rang distingué entre les plus belles conceptions du génie dramatique contemporain ; à constater le beau succès qu'elle a obtenu comme l'un des plus mérités qui aient été réalisés depuis longtemps : tout ce que promettaient son nom et ses antécédents a été tenu, d'une autre façon peut-être que nous ne nous y attendions à vue du titre mais d'une façon consciencieuse et éclatante, et de manière à constater hautement un poète dramatique de plus[37].

Le critique reproche donc à Vigny d'avoir fait non un drame historique mais un drame romantique. La formule finale « son nom et ses antécédents » ramène une fois de plus Vigny à *Cinq-Mars*, comme s'il était impossible pour lui, même au théâtre, de sortir de l'ombre imposante de *Cinq-Mars*.

Quant à la présence de la production poétique de Vigny dans la *Revue de Paris* au cours de la période 1829-1834, elle est tout à fait négligeable. En dehors d'une critique par Barthélemy et Méry de la trop grande présence de blancs dans les volumes de Vigny et Hugo[38], on trouve une critique ironique du poème « Le bateau », contenu dans l'*Almanach des Muses* pour 1832, et qui avait paru dans la *Revue des deux mondes* du 1er juillet 1831 : « Quant au *bateau* de M. Alfred de Vigny, si nous osions nous permettre une pointe contre si haute renommée, nous dirions qu'il peut servir à faire passer les Muses[39]. » Un an plus tard, la *Revue* donne une critique de l'*Almanach des dames pour l'an 1833*,

---

37 *Ibid.*, p. 126.
38 Dans leur « Épitre à M. Saintine, qui a bien voulu se charger de revoir les épreuves d'un de nos ouvrages », Barthélemy et Méry écrivent : « Tu connais les secrets du *titre* et du *faux-titre*, / L'art de mettre un *fleuron* au sommet d'un chapitre, / De prodiguer les *blancs*, comme Alfred de Vigny, / Comme Victor Hugo quand il chanta Rigny. » (*Revue de Paris*, t. XII, 1re liv., 7 mars 1830, p. 39.)
39 « Album », *Revue de Paris*, t. XXXIII, 4e liv., 25 décembre 1831, p. 268.

où se trouve une réimpression de « La Neige », d'abord publié dans les *Tablettes romantiques* en janvier 1823. Pour le rédacteur, ce poème « est peut-être même la pièce la plus chaleureuse du volume[40] », ce qui n'était pas difficile au vu des autres...

Publiée entre 1829 et 1834, la première *Revue de Paris* naît, triomphe et périclite entre les deux chefs-d'œuvre de Vigny : *Cinq-Mars* (1826) et *Chatterton* (1835). Incessamment ramené à son roman historique, Vigny est considéré comme l'une des plus grandes illustrations de la nouvelle école littéraire et historiographique. C'est ainsi toujours dans l'ombre de *Cinq-Mars* que sa production est jugée, à l'exception du *More de Venise*, lue à l'ombre d'*Othello*. Il faudra attendre 1835 pour que Vigny, dans la *Revue de Paris*, ne soit plus « l'auteur de *Cinq-Mars* » mais celui de *Chatterton*.

Guillaume COUSIN

---

40   « Album », *Revue de Paris*, t. XLIV, 3ᵉ liv., 18 novembre 1832, p. 193.

LA CONFESSION D'UN ENFANT DU SIÈCLE, SERVITUDE ET GRANDEUR MILITAIRES

De la presse à l'histoire littéraire

Au début du XXe siècle, pour enseigner aux lycéens la méthode de la dissertation littéraire, les professeurs proposaient de disséquer des sujets thématiques. Dans ce genre d'exercices, Musset et Vigny étaient les champions désignés du désenchantement romantique, eux qui appartiennent à cette « génération [qui] avait été secouée par les événements contemporains (Vigny, *Grandeur et Servitude* [sic] ; Musset, *Confession d'un enfant du siècle*)[1]. » Au lendemain de la première Guerre mondiale, c'est un fait acquis par l'histoire littéraire et par sa vulgarisation scolaire que *Servitude* et la *Confession* avancent de conserve sur le territoire du mal du siècle. Ce cas exemplaire dévoile les soubassements et les enjeux de l'histoire littéraire, quand celle-ci se construit sur le rapport synchronique qu'entretiennent les œuvres. Quoi de plus naturel en effet que d'évaluer le contexte culturel et moral du romantisme français à l'aune de publications qui paraissent à peu de distance ? Les courants confluent à partir de voisinages commodes : deux œuvres qui présentent des thématiques communes, publiées à quelques mois d'intervalle, dévoilent ainsi l'apparition d'un fait esthétique, marquent l'avènement de nouveaux mouvements littéraires. Mais ces proximités sont aussi des trompe-l'œil. On associe par exemple *La Dame aux camélias* de Dumas-fils (1852) aux pièces d'Augier ou aux romans de Champfleury pour légitimer l'apparition du réalisme. Or la pièce de Dumas-fils présente toutes les caractéristiques d'un drame romantique. Même s'il est aujourd'hui admis que le temps long de l'histoire fait saillir des phénomènes de récurrence, revenir à l'accueil de deux œuvres nées au même moment permet-il de mieux saisir les limites des stéréotypes que l'histoire littéraire projette sur les créations de plume ?

---

[1]   Marius Roustan, *La littérature française par la dissertation*, Paris, 1919, p. 132.

Quatre mois séparent la publication de *Servitude et grandeur militaires* de *La Confession d'un enfant du siècle*[2]. Bien que la forme de ces deux ouvrages diffère[3], ils sont associés autour de motifs fédérateurs : expérience livrée à la première personne, constat relatif à la vacuité de l'action, rétrospection nostalgique, illustration de l'échec personnel, refuge des personnages dans des valeurs anachroniques[4]. Dans la seconde moitié du XIXe siècle, quand l'histoire littéraire présente le romantisme au lecteur, elle réunit les deux récits sous le même étendard, en un diptyque idéal pour comprendre le désenchantement romantique du lendemain de Juillet[5]. Il s'agit donc d'analyser la manière dont l'histoire littéraire a construit cette proximité mais aussi de voir si l'accueil des deux récits lors de leur parution a pu légitimer des rapprochements ultérieurs. Pour comprendre les liens que tisse l'histoire littéraire, le commentaire journalistique est un indicateur précieux, *a fortiori* quand les deux œuvres en question ont été commentées dans des journaux aussi importants que la *Revue de Paris*[6] et la *Revue des deux mondes*[7].

---

2 *Servitude et grandeur militaires* est enregistré par la *Bibliographie de la France* le 17 octobre 1835 ; *La Confession d'un enfant du siècle*, le 13 février 1836 ; le chapitre II de la première partie, passage le plus célèbre du roman, avait paru séparément le 15 septembre 1835 dans la *Revue des deux mondes* (p. 732-747) ; par commodité, nous abrégeons désormais la *Revue de Paris* « RDP » et la *Revue des deux mondes* « RDM ».

3 *La Confession d'un enfant du siècle* est un roman autobiographique, d'où se détache une ouverture épique qui peint les malheurs de l'histoire et leurs conséquences sur les jeunes gens de la génération de Musset, né en 1810 ; *Servitude* rassemble trois nouvelles « militaires » écrites par un soldat « né avec le siècle », mais qui n'a jamais combattu.

4 On relève cependant des exceptions notoires : *Servitude et grandeur militaires* n'est pas mentionné dans *La Littérature française, dynamique et histoire*, II, sous la direction de J.-Y. Tadié (Paris, Gallimard, Folio, coll. « Essais », 2007) ; la *Confession* de Musset, en revanche, trouve naturellement sa place dans un chapitre consacré à « l'école du désenchantement ».

5 À cet égard, la classification tripartite de Paul Bénichou (prophètes, mages et désenchantés), ne tient pas compte de ce lien que tisse la critique entre les deux œuvres, qui illustrent le romantisme de l'échec et de la désillusion.

6 *Servitude et grandeur militaires*, par M. le comte de Vigny, *Revue de Paris*, t. 22, 1835, p. 218-221 [article non signé] ; *La Confession d'un enfant du siècle*, par Alfred de Musset, *Revue de Paris*, t. 26, 1836, p. 53-61 [article signé B. Z.] ; notons que les deux comptes rendus paraissent dans la même rubrique, celle du « Bulletin littéraire » ; sur l'importance de la *Revue de Paris* dans le paysage littéraire de la monarchie de Juillet, nous renvoyons à l'ouvrage tiré de la thèse de doctorat de Guillaume Cousin : *La Revue de Paris (1829-1834) : un « panthéon où sont admis tous les cultes »*, à paraître chez Honoré Champion.

7 *Poètes et romanciers modernes de la France. Servitude et grandeur militaires*, *Revue des deux mondes*, 15 octobre 1835, p. 210-226 ; *La Confession d'un enfant du siècle*, *Revue des deux mondes*, 15 février 1836, p. 483-494 ; dans le cadre de cette étude, l'enquête s'est limitée à ces quatre articles.

RÉCEPTION CROISÉE

À leur parution, les deux ouvrages bénéficient d'un compte rendu dans les deux plus prestigieux organes littéraires du début de la monarchie de Juillet, la *Revue de Paris* et la *Revue des deux mondes*[8]. Bien que le rédacteur des comptes rendus de la *Revue de Paris* soit anonyme et difficile à identifier, plusieurs détails de style, des tournures syntaxiques, pourraient laisser supposer qu'il s'agit de la même plume. Quant à la *Revue des deux mondes*, elle confie à Sainte-Beuve la recension des deux ouvrages. Il aborde sa tâche selon deux perspectives différentes : *Servitude* est analysé à l'issue d'un long article de dix-sept pages qui retrace toute la carrière de Vigny[9]. À l'inverse, la *Confession* est décrite par le menu, résumée et glosée – la part accordée à la carrière littéraire de Musset étant moindre que dans le cas de Vigny. L'article que Sainte-Beuve consacre à *Servitude* est prétexte à commenter toute la carrière de Vigny et n'aborde vraiment les trois récits de *Servitude* que dans les deux dernières pages. Sous la plume de Sainte-Beuve, Musset est un écrivain qui « progresse » tandis que Vigny est un auteur accompli. La *Revue de Paris* consacre, quant à elle, un peu plus de trois pages aux nouvelles de Vigny, tandis qu'elle en accorde huit au roman de Musset.

Notons d'emblée qu'aucun lien n'est établi par les critiques entre la *Confession* et *Servitude*. En revanche quatre points communs aux deux œuvres peuvent être identifiés dans les deux articles. Sans surprise, la recherche des sources littéraires occupe une place conséquente. Une réflexion sur le statut auctorial de Musset et de Vigny débouche une étude de style qui

---

8   Dans la « Chronique de la quinzaine » du 14 janvier 1836, la *Revue des deux mondes* annonce
      la parution simultanée de *La Confession d'un enfant du siècle* et le retirage de *Servitude et
      grandeur militaires*, épuisé en trois mois : « – *La Confession d'un enfant du siècle*, par M. Alfred
      de Musset, paraîtra le 25 janvier. Ce nouvel ouvrage du jeune poète, sous la forme animée
      d'un récit, promet de joindre des considérations graves et une sorte de maturité morale à
      l'éclat et à la verve bien connus de son talent. – Le poème de *Napoléon*, par M. Edgar Quinet,
      paraîtra lundi prochain, chez Ambroise Dupont, rue Vivienne, 7. – La première édition du
      dernier ouvrage de M. Alfred de Vigny, *Servitude et grandeur militaires*, s'est promptement
      épuisée, quoique tirée à grand nombre. La seconde édition est sous presse. L'auteur nous
      promet en même temps la *seconde consultation du Docteur noir* qu'il achève en ce moment. »
9   Sur les rapports entre Vigny et Sainte-Beuve, voir Charles-Augustin Sainte-Beuve, *Vigny*,
      éd. Michel Brix, Paris, Kimé, 2013.

caractérise la prose des poètes. Enfin, on observe une mise en perspective du discours moral dans ses rapports avec l'Histoire. Selon une méthode usuelle de la critique romantique, une enquête sur les sources est menée pour déterminer les « influences » qui ont présidé à l'écriture des ouvrages. Désireux de reconstituer « une famille d'esprits » entre les écrivains, Sainte-Beuve associe Musset à Senancour et à Constant, auteurs, eux aussi, de romans personnels : « on peut le comparer à un chapitre d'*Adolphe*, qui est aussi tout en exclamations passionnées, et à d'enivrantes pages d'Oberman », précise le critique des *Lundis*. Shakespeare et Goethe sont également cités par Sainte-Beuve et par la *Revue de Paris* pour établir la filiation des deux ouvrages. Sainte-Beuve évoque Jean-Paul pour classer Musset dans la veine du lyrisme religieux et Sterne pour décrire le style « fragmenté » de Vigny. La *Revue de Paris* referme son article consacré à la *Confession* sur le double héritage de l'abbé Prévost et du roman sentimental :

> Mais, certes, quelles que soient les erreurs poétiques de ce livre enchanteur, l'auteur a droit d'être admis au premier rang sur le Livre *d'or* de cette nouvelle aristocratie. M. de Musset a cueilli une fleur sur la terre, et il en a fait une étoile de plus au ciel ; il a concentré dans ce livre les franches allures de *Manon Lescaut* et la sentimentalité naïve de *Werther. La Confession d'un enfant du siècle* est l'héritier légitime et direct de ce mariage littéraire ; et ce n'est pas quand on est d'aussi bonne famille qu'on reste en arrière : M. de Musset l'a suffisamment prouvé[10].

Outre la quête des sources littéraires, l'identité artistique des auteurs est scrutée dans les deux cas, et les deux articles insistent sur un élément crucial : Musset et Vigny sont deux poètes, reconnus comme tels par la communauté des lecteurs. « M. de Vigny est lui-même un grand poète, un penseur profond », note la *Revue de Paris* ; l'article précise même que « c'est toujours le poète qui parle pour les hommes de la réalité[11] ». « Il a été, il est poète », écrit Sainte-Beuve[12]. Musset est également un poète blasonné, auréolé de la gloire adolescente acquise aux premières lueurs de 1830. Les deux journaux retracent brièvement sa carrière poétique, de ses foucades insolentes (*Contes d'Espagne et d'Italie*) jusqu'aux poèmes proches de la *Confession* : *Rolla*, la *Nuit de mai* et la *Nuit de décembre* sont

---

10   « *La Confession d'un enfant du siècle* », RDP.
11   « *Servitude et grandeur militaires* », RDP.
12   « *Servitude et grandeur militaires* », RDM.

tous mentionnés par Sainte-Beuve pour suggérer une continuité de style entre poésie et prose.

Les deux articles s'appuient en effet sur l'appartenance des écrivains à la caste des poètes pour aborder leur prose. Les comptes rendus posent implicitement la même question : qu'est-ce qu'un roman de poète ? Pris au sérieux parce qu'ils ont produit une œuvre poétique reconnue, Vigny et Musset ne sauraient délivrer que des messages profonds. À propos de *Servitude*, la *Revue de Paris* note ainsi que « le nouveau livre de M. de Vigny est marqué à ce coin de gravité qui caractérise les œuvres durables : c'est toujours le poète qui parle pour les hommes de la réalité, c'est le cœur qui vient au secours de l'esprit, la théorie qui prépare l'application[13] ». Le critique de la *Revue de Paris* loue, quant à lui, le style de Musset en insistant sur ce qu'il considère comme un geste audacieux : placer « une introduction où sa plume a tracé en phrases hardies et formulé d'une manière pittoresque et originale les destinées passées et présentes de la génération à laquelle appartient son héros ». Selon le journaliste, ce choix « ne surprendra point ceux qui n'ont pu tellement boucher leurs oreilles, qu'ils n'aient appris un jour que la France avait dans M. de Musset un poète de plus. Or, les poètes savent au besoin manier la prose historique d'une façon à la fois grande et sévère ». Les remarques de Sainte-Beuve, quelles que critiques qu'elles soient, vont dans le même sens : Musset est toujours poète même en prose, ce que signale son abus de métaphores. La *Revue de Paris* souligne également la qualité poétique des récits de Vigny, n'hésitant pas à recourir à la comparaison lyrique pour décrire le style de *Servitude* :

> Cela ressemble à une belle pièce de soie tout à la fois brillante, souple, solide, transparente, impénétrable, se nuançant de mille reflets divers, selon qu'on l'expose au grand jour. Élégant sans rechercher l'harmonie des mots, concis sans être heurté, majestueux sans pompe, le style de M. de Vigny est un produit de l'étude, de la patience et de la méditation[14].

Grandeur, sévérité, profondeur : la beauté qui caractérise les deux ouvrages fait naître de hautes considérations sur le siècle dont Vigny et Musset sont désignés comme les moralistes et les spectateurs. Selon la *Revue de Paris*, « M. de Vigny s'est fait l'historien du cœur humain ; son livre

---

13 « *Servitude et grandeur militaires* », RDP.
14 *Id.*

émeut, il vous arrache des larmes ; battez des mains ensuite si vous le pouvez ». Sainte-Beuve fait le même constat sur la portée spirituelle de *Servitude*, tout en reprochant à Vigny « un certain manque de réalité » et le caractère trop inaccessible de sa pensée. Quant à la *Confession*, la présence du mot « siècle » dans son titre programme l'intention intellectuelle du roman. Comme le remarquent les deux commentateurs, ce « seuil » surdétermine un discours idéologique sur les malheurs du temps. Les chroniqueurs s'accordent dès lors sur la valeur testimoniale de deux œuvres empiriques, écrites à partir d'une expérience vécue douloureusement (celle des armes, celles des trahisons sentimentales), qui dévoile le malaise de toute une société.

C'est finalement autour de la tension entre idéal et vérité que s'articule l'intérêt des deux œuvres : « [...] drame taillé dans la vie réelle sur un patron idéal », précise la *Revue de Paris* à propos de la *Confession* ; « la réalité et la poésie s'y confondent », indique plus loin le même compte rendu. L'ambition moraliste des œuvres – les quatre articles insistent sur la dimension apologétique des récits – résiderait dans cet écho sensible entre la voix du poète et la réalité séculaire de l'expérience vécue. Ainsi, bien que les deux ouvrages ne soient pas directement comparés, un certain nombre de similitudes fondamentales se font jour. Les feux croisés de la *Revue des deux mondes* et de la *Revue de Paris* mettent notamment en lumière deux aspects à partir desquels la critique construira ultérieurement son discours : la projection intime de l'expérience dans la fiction, le commentaire moral qui en découle et qui s'applique à toute une génération. Autour de ces principes esthétiques et théoriques, essais, ouvrages pédagogiques et autres histoires littéraires publiés après 1850 réunissent *Servitude et grandeur militaires* et *La Confession d'un enfant du siècle*.

MARIAGES DE L'HISTOIRE LITTÉRAIRE

La proximité chronologique des deux ouvrages joue tout d'abord pleinement son rôle de catalyseur herméneutique. Les circonstances qui arriment les œuvres à leur temps permettent de se focaliser sur des thèmes que l'histoire littéraire a associés au romantisme de Juillet, tout en construisant certains clichés sur le lien entre la vie et l'œuvre. Après l'écriture de leur ouvrage respectif, les deux poètes auraient quitté la création pour sombrer dans leurs « travers » : « Vigny s'isole de plus en plus dans un dédaigneux silence, Musset consomme peu à peu son suicide », lit-on sous la plume de Georges Pélissier en 1893[15]. Dans son essai sur la littérature du XIXe siècle, l'érudit que fut René Canat constate lui aussi que « [...] deux grands écrivains, Musset, dans *La Confession d'un Enfant du siècle* et Vigny, dans *Servitude et grandeur militaires*, ont dépeint le désarroi moral de la jeune génération, comprimée dans ses élans [...][16] ». En 1947, dans un volume qui rassemble les œuvres de Musset classées chronologiquement, Jean Thomas et Michel Berveiller notent que « Musset s'est intéressé à un phénomène générationnel, celui du désenchantement[17] ». En réfléchissant aux causes de ce mal moral, les commentateurs précisent que celles-ci sont « d'abord historiques, déjà signalées, notamment par Vigny, au début de *Servitude et grandeur militaires* (1835)[18] ». Dans l'un des numéros de la revue *La Nef, Jeunesse, qui es-tu ?*, pour évoquer la situation des jeunes générations au lendemain de la Seconde guerre, Georges Izard rappelle que « Musset, dans *La Confession d'un enfant du siècle*, et Vigny, dans *Servitude et grandeur militaires*, ont décrit ce désarroi, ce désespoir d'une jeune génération condamnée à attendre et dont l'âge, hier une vertu, était devenu un vice[19] ». Certaines approches historiques, destinées à brosser un panorama de l'histoire du premier XIXe siècle s'appuient sur Vigny et Musset. Afin de fournir un aperçu de la vie culturelle au début de la monarchie de Juillet, l'historien Bernard Goujon réitère quant à lui les éléments fixés par l'histoire littéraire, en y ajoutant des éléments biographiques :

> Au temps des prophètes succède celui des désenchantements dont témoignent les *Servitudes et grandeurs militaires* (1835) que Vigny publie avant sa retraite dans son manoir charentais du Maine-Giraud et *La Confession d'un enfant du siècle* (1836), d'Alfred de Musset, un roman autobiographique pétri de l'expérience douloureuse de sa rupture avec George Sand[20].

---

15 Georges Pélissier, *Le Mouvement littéraire au XIXe siècle*, Paris, Hachette, 1893, p. 271.
16 René Canat, *La Littérature française au XIXe siècle*, Paris, Payot, 1921, vol. 1, p. 32.
17 *Œuvres choisies, disposées d'après l'ordre chronologique*, Paris, Hatier, 1947, p. 340.
18 *Ibid.*
19 « La jeunesse, revendication de la justice », *Jeunesse, qui es-tu ?*, *La Nef*, Lucie Faure et Robert Aron dir., n° 8, Paris, Julliard, 1955, p. 52.
20 Bernard Goujon, *Monarchies postrévolutionnaires (1814-1848)*, Paris, Le Seuil, 2012, p. 51.

À plusieurs reprises, Jean Tulard rapproche ces deux auteurs qui, parmi les romantiques, ont eu l'imagination animée par « la lecture des bulletins de l'Empire[21] ». C'est également sur la question de l'ancrage historique que Gustave Lanson, commentant les sources du romantisme, fonde sa démonstration et cite Musset et Vigny : « Nous devons enfin considérer comme circonstance favorable la chute de l'Empire qui, fermant brusquement la réalité aux activités inquiètes et aux ambitions énormes, les dériva vers le rêve et l'exercice de l'imagination[22] ». À partir de cette affirmation, Lanson commente l'éducation des jeunes gens nés sous l'Empire et ses conséquences sur leur imagination créatrice : « Les enfants élevés entre 1804 et 1814, n'ayant pas senti les misères et n'ayant éprouvé que la fascination des victoires impériales, gardèrent sous la paix des Bourbons des exaltations, qui cherchèrent à se satisfaire par les passions lyriques et les aventures romanesques des livres[23] ». Pour étayer sa démonstration, Lanson s'appuie sur les ouvrages de Musset et Vigny : « Il y a un fond de vérité dans ce qu'ont dit Vigny (*Servitude militaire*, ch. I) et Musset (*Confessions* [sic.] *d'un enfant du siècle*)[24] ». C'est donc autour du motif du désenchantement que se bâtit presque systématiquement la comparaison, elle-même associée à la notion de « génération romantique ». Même matrice historique, même genèse d'un malaise collectif qui s'exprime dans les pages inaugurales des deux ouvrages, commentées à l'envi. Sur ce point, la critique place ses pas dans ceux de la presse de 1836, qui relevait comme élément saillant la valeur testimoniale de textes, où le désarroi individuel le dispute à un discours plus universel sur la condition humaine.

Gustave Lanson l'avait bien compris : ce rapprochement fonctionne essentiellement grâce à l'ouverture des deux œuvres qui, sur un ton très personnel, brosse le tableau de leur époque. La beauté de ces passages les condamne à devenir des morceaux d'anthologie, à servir de chambre d'écho à l'histoire littéraire, qui y entend la même orchestration de la désillusion romantique :

> J'appartiens à cette génération née avec le siècle, qui, nourrie de bulletins de l'Empereur, avait toujours devant les yeux une épée nue, et vint la prendre

---

21 Jean Tulard, *Napoléon ou le Mythe du sauveur*, Paris, Fayard, 2014, *passim* ; voir également Jean Tulard, « L'historien et la littérature », *Détective de l'histoire*, Paris, L'Archipel, 2012.
22 Gustave Lanson, *Histoire de la littérature française*, Paris, Hachette, 1920, p. 936.
23 *Ibid.*
24 *Ibid.*

au moment même où la France la remettait dans le fourreau des Bourbons. Aussi, dans ce modeste tableau d'une partie obscure de ma vie, je ne veux paraître que ce que je fus, spectateur plus qu'acteur, à mon grand regret. Les événements que je cherchais ne vinrent pas aussi grands qu'il me les eût fallu. Qu'y faire ? On n'est pas toujours maître de jouer le rôle qu'on eût aimé, et l'habit ne nous vient pas toujours au temps où nous le porterions le mieux[25].

Ainsi, ayant été atteint dans la première fleur de la jeunesse, d'une maladie morale abominable, je raconte ce qui m'est arrivé pendant trois ans. Si j'étais seul malade, je n'en dirais rien ; mais comme il y en a beaucoup d'autres que moi qui souffrent du même mal, j'écris pour ceux-là, sans trop savoir s'ils feront attention ; car dans le cas où personne n'y prendrait garde, j'aurai retiré ce fruit de mes paroles de m'être mieux guéri moi-même, et, comme le renard pris au piège, j'aurai rongé mon pied captif[26].

Le constat nostalgique se fait, dans les deux cas, programmatique. Exhiber son expérience pour témoigner d'un état d'esprit collectif, même si l'expérience en question est très dissemblable : déception militaire chez Vigny, trahison sentimentale chez Musset. Dans son article, « Les recherches d'histoire littéraire sur l'époque romantique (1820-1843) », le spécialiste de Jules Janin, le regretté Jacques Landrin, rapproche avec finesse Musset et Vigny en évoquant leurs déceptions militaires : « Sur l'enthousiasme militaire qui agita dans leur enfance les futurs romantiques, puis le sentiment de vide qui s'ensuivit, voir, entre autres témoignages, Vigny, *Servitude et grandeur militaires* (1835), chap. I ; Musset, *La Confession d'un enfant du siècle* (1836), chap. II[27] ». Élan et retombée caractérisent en effet l'ouverture de la *Confession*. Les conclusions de *Servitude* et les deux ouvrages décrivent un désir d'héroïsme frustré par les circonstances. Cette tension entre aspiration à un idéal « plus grand que soi-même » et un réel décevant traverse les trois récits qui composent *Servitude*, qui se referment tous par le constat de la disparition du sacré ou de la désaffection des valeurs qui lui sont liées[28]. Cette piste herméneutique (héroïsme déçu, désacralisation) justifie

---

25 *Servitude et grandeur militaires*, éd. Patrick Berthier, Paris, Gallimard, coll. « Folio », 1992, p. 31.
26 *La Confession d'un enfant du siècle*, éd. Sylvain Ledda, Paris, GF-Flammarion, 2010, p. 61.
27 *L'Histoire littéraire : ses méthodes et ses résultats. Mélanges offerts à Madeleine Bertaud*, sous la direction de Luc Fraisse, Genève, Droz, 2001, p. 289.
28 Sur la perte du sacré, sa signification idéologique et ses implications esthétiques, voir l'ouvrage d'Esther Pinon, *Le Mal du Ciel, Musset et le sacré*, Paris, Honoré Champion, 2015, p. 238 et suiv.

aussi le voisinage des deux œuvres. Dans son essai consacré au genre
intime, Pierre-Jean Dufief définit le mal du siècle en se fondant sur la
Confession et de *Servitude* :

> Ce roman dramatique et lyrique a une ouverture héroïque, épique, avec quelques
> pages d'anthologie sur la légende napoléonienne, qui introduisent les thèmes
> de la gloire et de l'enthousiasme, de l'immoralité et du carnage, véritable
> contrepoint anticipé à la suite d'un récit dominé par la *désespérance*. Vigny,
> un peu plus âgé que Musset, exprimera sa nostalgie des heures glorieuses et
> sanglantes de l'Empire au début de *Servitude et grandeur militaires* (1835)[29].

On retrouve ici une idée formulée par la presse au moment de la parution des récits, notamment par Sainte-Beuve à propos de la *Confession* :
le roman de Musset et les récits de Vigny relèvent du genre « intime »,
le seul, peut-être, à établir un rapport axiologique efficient avec mal
du siècle.

Pierre Trahard, cherchant à démontrer l'intérêt littéraire de l'année 1835,
associe quant à lui dans une même énumération Musset et Vigny dans
une perspective de poétique du roman, qui fait écho au questionnement
de Sainte-Beuve sur la qualité littéraire de la prose des poètes :

> Pourtant cette année 1835 n'est pas indigne de ses aînées, et qui la jugerait
> d'après les Bonnechose, les Belmontet et les Eulalie Favier se tromperait
> lourdement. Il est vrai que la prose semble avoir le pas sur la poésie ; mais
> cette prose est une prose de poètes. A. de Vigny donne *Servitude et grandeur
> militaires*, Lamartine *Souvenirs, Impressions, Pensées et Paysages* pendant un voyage
> en Orient ; Alfred de Musset commence la publication de *La Confession d'un
> enfant du siècle*[30].

À n'en pas douter, les premiers constats formulés en 1835 et 1836 sont
disséminés dans la critique ultérieure, qui associe les deux œuvres autour
de quelques grands principes fédérateurs – qu'on s'intéresse à leur forme
ou à leur contenu idéologique et moral –, même si ces fondements uni-
ficateurs nivellent parfois leur beauté singulière.

---

29 Pierre-Jean Dufief, *Les Écritures de l'intime de 1800 à 1914*, Paris, Bréal, coll. « Amphi
    lettres », 2001, p. 43.
30 *Une revue oubliée, la revue poétique du XIXᵉ siècle (1835)*, Paris, Honoré Champion, 1924,
    p. 45 ; Pierre Trahard a raison de préciser que Musset « débute » la publication de la
    Confession, puisque des extraits du chapitre II paraissent dans la *Revue des deux mondes* le
    15 septembre 1835, au moment même où paraît *Servitude et grandeur militaires*.

S'il est probable que Musset a lu *Servitude* (soit dans les publications de la *Revue des deux mondes*, soit en volume), rien pourtant ne l'atteste de manière absolue, ni dans sa correspondance, ni dans son œuvre. Aucune trace, aucune mention des récits qui composent le recueil de Vigny, lors même que Musset s'épanche sur *Chatterton* qu'il a applaudi à la Comédie-Française en février 1835[31]. Vigny, de son côté, ne mentionne pas la *Confession* de Musset. L'un et l'autre se considèrent comme des poètes, éventuellement des « poètes dramatiques », mais non comme des prosateurs – bientôt Musset s'en expliquera dans un récit autobiographique laissé inachevé, *Le Poète déchu* (1839).

Servitude et grandeur militaires ainsi que *La Confession d'un enfant du siècle* sont des expériences en prose. Aussi ces deux œuvres si différentes revêtent-elles une fonction métapoétique essentielle dans la carrière respective de Musset et de Vigny : elles leur permettent de rester fidèles à leur style et à leur *ethos* poétique, la prose étant alors la meilleure manière possible de transcrire des pages intimes en leur donnant un souffle épique, d'être un « je » dans l'Histoire de tous. Et cela, Sainte-Beuve l'avait très bien compris. En dépit de reproches faits au style et des faiblesses que le critique pointe çà et là, Vigny et Musset échappent aux fourvoiements de leur siècle[32], parce qu'un poète, même en prose, reste un poète.

Sylvain LEDDA

---

31   « [...] dites-lui, je vous prie, si vous le voyez, combien j'admire *Chatterton*, et que je le remercie de tout cœur de nous avoir prouvé, à tous tant que nous sommes, que, malgré les turpitudes qui nous ont blasés, dépravés et abrutis, nous sommes encore capables de pleurer et de sentir ce qui vient du cœur. » « Lettre à François Buloz » [27 février ou 6 mars 1835] *Correspondance (1827-1835)*, éd. Loïc Chotard, Marie Cordroc'h et Roger Pierrot, Paris, PUF, 1985, p. 150.

32   Nous partageons ici les hypothèses de Gérald Antoine dans son article, « Sainte-Beuve et le romantisme », *Cahiers de l'Association internationale des études françaises*, 2005, n° 57, p. 231-240.

LA CRITIQUE LITTÉRAIRE
DU *CONSERVATEUR LITTÉRAIRE*
AU REGARD DU *CONSERVATEUR*

Continuité ou héritage ?

Le Conservateur littéraire, quand il paraît pour la première fois à la fin du mois de décembre 1819, est l'organe des frères Hugo, principalement Abel et Victor[1]. Le titre annonce la position politique de la revue, et la place sous le patronage de la droite et plus spécifiquement de Chateaubriand. Comme *Le Conservateur*, la revue des frères Hugo est monarchiste de tendance ultra, mais elle s'occupe de littérature. Le cercle réduit des débuts s'élargit à partir du printemps 1820. Une large part du groupe ainsi constitué se retrouvera dans la *Muse française* après la disparition du *Conservateur littéraire* en mars 1821 et la difficile fusion avec les *Annales de la littérature et des arts*[2].

Le titre, qui aura eu trente livraisons à raison de dix par volume, connaît une véritable évolution, surtout à partir du troisième volume. Dès le deuxième[3] d'ailleurs, l'on constate une diversification des collaborateurs – laquelle tranche avec la multiplication des signatures pratiquées par Hugo, qui donnait une fausse impression d'hétérogénéité[4]. En effet, le titre est très influencé par la présence quantitative des textes de Victor Hugo : la place de ce titre dans l'évolution de sa pratique littéraire et de son positionnement politique a été étudiée[5]. Mais on ne peut limiter *Le Conservateur littéraire* à Victor Hugo, et nous souhaitons donc nous pencher sur la revue dans son ensemble. Nous nous intéressons ici au lien

---

1 Jules Marsan, *Le Conservateur littéraire. 1819-1821*, Paris, Hachette, 1922, t. I, 1re partie, p. XIX.
2 *Ibid.*, p. XXIV-XXXII.
3 Hubert Juin, *Victor Hugo 1. 1802-1823*, Paris, Flammarion, 1980, p. 339.
4 Jules Marsan, *op. cit.*, p. XXXV-XXXVII.
5 Maurice Souriau, « Victor Hugo rédacteur du *Conservateur Littéraire* », dans *Annales de la faculté des Lettres de Caen*, Caen, 1887, p. 491-540.

qui unit *Le Conservateur littéraire* au titre parent qu'est *Le Conservateur*, et notamment à la manière dont la revue littéraire parvient à se singulariser par rapport à ce « grand frère » imposant.

Le Conservateur ne publiant que très peu d'extraits littéraires, et pas de poésies, nous concentrerons nos efforts sur la critique littéraire, que l'on rencontre dans les deux titres. Dans *Le Conservateur*, ces éléments apparaissent de façon assez irrégulière, et s'intéressent quasi-exclusivement à des textes d'idées – à l'exception notable des *Méditations* de Lamartine et de quelques pièces de théâtre. *Le Conservateur littéraire*, pour sa part, ne s'intéresse – officiellement en tous cas – qu'à la littérature : les textes qui nous intéressent se trouvent dans la rubrique « Littérature française » où sont publiés des comptes-rendus détaillés (et à la marge dans les articles concentrés sur la littérature anglaise, espagnole et allemande), ainsi que dans la rubrique « Revue littéraire » qui, le plus souvent, présente plus rapidement les nouveautés littéraires. Certains éléments qui paraissent en « Variétés, nouvelles littéraires, etc. » permettent aussi de relever avec intérêt les auteurs auxquels s'intéresse le cercle du *Conservateur littéraire*.

Le Conservateur littéraire, par le choix de ce titre, se lie au *Conservateur* au point de vue littéraire comme politique. C'est à travers l'étude des comptes-rendus littéraires, et en portant attention à l'évolution de la revue et de ses collaborateurs, qu'il nous sera possible de faire apparaître la relation complexe qui se met en place avec le titre-père qu'est *Le Conservateur*.

LE CONSERVATEUR LITTÉRAIRE, BRANCHE LITTÉRAIRE DU *CONSERVATEUR*

UNE PROXIMITÉ À PLUSIEURS VISAGES, FONDÉE SUR UNE COMMUNAUTÉ D'OPINIONS

L'existence d'un lien entre les deux semi-périodiques est une évidence qu'exprime le nom choisi par les frères Hugo. Mais l'histoire du titre montre que l'ancrage désiré est surtout celui de valeurs politiques. En effet, un des projets antérieurs est de créer des *Lettres bretonnes*, s'opposant aux *Lettres normandes* libérales en mettant en avant l'aspect royaliste vendéen. Lorsque *Le Conservateur littéraire* naît, son titre insiste sur la notion de conservation, mais aussi plus spécifiquement sur le lien avec le royalisme de Chateaubriand[6], sur lequel nous reviendrons. La revue apparaît dans un contexte particulier : s'opposent alors *La Minerve française*, périodique libéral majoritaire, dans lequel on retrouve la figure centrale de Benjamin Constant[7], et *Le Conservateur*, qui naît le 8 octobre 1818 pour fonder un organe ultraroyaliste et tenter d'agir sur une situation politique très délicate[8]. Dans ce cadre politique très tendu, où les titres de presse sont partisans, *Le Conservateur littéraire* se place du côté du Roi et de la religion.

Cela est très sensible dans la tendance de sa critique qui, quoique littéraire, est très dure envers les textes libéraux. C'est le cas par exemple du compte-rendu de l'*Hermite en province* d'Étienne de Jouy[9], rédacteur à *La Minerve française* : l'œuvre y apparaît entachée de l'opinion politique de son auteur : « Les opinions politiques de M. de Jouy ont influé de manière la plus fâcheuse sur le mérite de son ouvrage, mais non sur le jugement que nous en portons[10]. » Ces critiques littéraires sont souvent portées par un ton ironique, comme ici, au sujet des sentiments décrits par de Jouy : « nous avons cru reconnaître quelque charlatanisme dans sa sensibilité[11]. »

Au point de vue littéraire, la revue est tiraillée entre des admirations classiques, comme celle d'Hugo pour Delille[12], et des tendances plus romantiques, autour de Byron par exemple[13]. Ces indécisions, surtout au départ, donnent d'autant plus d'importance à l'alignement avec

---

6   Marieke Stein, « Présentation », dans *Hugo journaliste. Articles et chroniques*, Paris, Flammarion, coll. « GF », 2014, p. 12.

7   Ch.-M. des Granges, *La Presse littéraire sous la Restauration (1815-1830)*, Genève, éd. Slatkine Reprints, 1973, p. 60-67.

8   Pierre Reboul, *Chateaubriand et le Conservateur*, Lille, éd. Université de Lille III, coll. « Encyclopédie universitaire », 1974, p. 79-80.

9   Ch.-M. des Granges, *op. cit.*, p. 70-73.

10 « *L'Hermite en province, ou Observations sur les mœurs et les usages française au commencement du XIXe siècle*, par M. de Jouy, membre de l'Académie française », dans *Le Conservateur littéraire*, t. II, 12e livraison, 20 mai 1820, p. 62.

11 « *L'Hermite de Londres, ou Observations sur les mœurs et les usages des Anglais au commencement du XIXe siècle*, par M. de Jouy, de l'Académie française », *ibid.*, 13e livraison, 3 juin 1820, p. 97.

12 Jules Marsan, *op. cit.*, p. XV-XVIII.

13 « *Œuvres complètes* de Lord Byron (Premier article.) », dans *Le Conservateur littéraire*, t. III, 26e livraison, 9 décembre 1820, p. 212-216.

Le Conservateur. Cela est visible dans certaines critiques littéraires du *Conservateur littéraire*, qui font suite à celles du *Conservateur* avec lesquelles elles sont visiblement parentes. Ainsi, *Le Conservateur* commente dans sa livraison du 30 janvier 1819 l'*Essai sur l'indifférence* de Lamennais. Un article signé D.-B. du *Conservateur littéraire* propose le 11 décembre 1819, donc presqu'un an plus tard, un compte-rendu du même texte où l'on reconnaît des remarques personnelles, mais aussi des éléments communs. Ce dernier texte présente cette idée en introduction :

> Les autels n'obtiennent déjà plus nos haines ; les prêtres nos proscriptions ; la religion et ses ministres ont enfin reçu de nous l'indulgence du dédain et le repos du mépris[14].

Le Conservateur, de son côté, avait proposé une entrée en matière certes plus longue, mais présentant des points similaires qui mettent en avant les différents aspects de la haine contre la religion qui ont déjà été combattus, avant d'en venir à la question de l'indifférence. Le premier élément à être ainsi traité est le suivant : « Mais la haine de la religion catholique restoit dans les cœurs. [...] M. de Bonald [...] plaça de nouveau la religion à la tête de la société et de toutes les pensées de l'homme[15]. » Ce ne sont pas exactement les mêmes aspects qui sont mis en avant, mais les deux articles insistent en ouverture sur un processus de reconstruction, étape par étape, de la place de la religion dans la société. La critique sur le style, réduite au minimum dans les deux cas, est du même ordre. *Le Conservateur* reproche « quelques fois une trop grande accumulation d'images » et considère qu'il « manque peut-être de morceaux qui reposent l'âme[16]. » *Le Conservateur littéraire* parle d'une « rigueur peut-être trop impitoyable[17] » du raisonnement, ce qui implique également un excès.

Au-delà de ces éléments de ressemblance, où l'on devine dans l'article du *Conservateur littéraire* une inspiration prise dans *Le Conservateur,* il est intéressant de noter le choix de commenter ce texte de Lamennais paru

14 « *Essai sur l'indifférence en matière de religion,* par M. l'abbé de la Mennais. (Cinquième édition) », *ibid.,* tome I, 1ʳᵉ livraison, 11 décembre 1819, p. 9.
15 « De *l'Essai* sur l'indifférence », *ibid.,* t. II, 18ᵉ livraison, 30 janvier 1819, p. 194-195.
16 *Ibid.,* p. 201.
17 « *Essai sur l'Indifférence en matière de Religion,* par M. l'abbé de la Mennais. (Cinquième édition.) », art. cité, p. 11.

depuis plus d'un an. Et cela prend sens : cet essai a été commenté par le *Conservateur* et a été rédigé par un de ses rédacteurs, l'abbé de Lamennais lui-même, auteur d'une vingtaine d'articles[18]. Commencer ainsi, c'est se placer dans la continuité du *Conservateur*, ce que confirme la fin de l'article qui présente trois figures ultras dont deux participent à la revue politique : Fontanes, Chateaubriand et Bonald. De nombreux liens de cette nature apparaissent dans *Le Conservateur littéraire*. On peut relever par exemple que l'article critique sur Lamennais, dans *Le Conservateur*, est de la main de Genoude[19], également collaborateur régulier[20]. Or *Le Conservateur littéraire* consacre, dans la vingt-septième livraison, un article à l'un de ses ouvrages : « *Voyage dans la Vendée et dans le Midi de la France, suivi d'un Voyage pittoresque en Suisse*, par M. Eugène Genoude, chevalier de Saint-Maurice et de Saint-Lazare[21] ».

Un détail, néanmoins, peut retenir l'attention : le nom du *Conservateur* n'est que rarement cité, et jamais au sein des comptes-rendus. Les références sont plus discrètes, comme celle que l'on rencontre dans l'article consacré à Lamennais : « Nous devons même à notre respect, pour les suffrages honorables qu'a reçus cette production extraordinaire, de ne pas mêler notre voix mondaine à ce concert d'approbations imposantes, [...][22] ». On devine dans les « suffrages honorables » ceux du *Conservateur*, mais le titre des frères Hugo n'insiste que rarement sur le lien avec le semi-périodique politique.

LA PRISE EN CHARGE DE LA PAROLE ÉTEINTE DU *CONSERVATEUR*

En réalité, ce lien est explicité dans des textes signés par la rédaction de la revue, et ce quasi-exclusivement après la disparition du *Conservateur* en mars 1820 et dans le deuxième tome. Celui-ci s'ouvre sur une déclaration de fidélité aux principes de l'organe ultra disparu :

> Enfin, puisque notre redoutable aîné, le *Conservateur*, a cessé de paraître, nous promettons de conserver intact l'héritage des sains principes qu'il nous a légués avec son titre ; nous espérons que ses honorables rédacteurs

---

18　Pierre Reboul, *op. cit.*, p. 327-328.
19　« De l'*Essai sur l'indifférence* », art. cité, p. 202.
20　Pierre Reboul, *op. cit.*, p. 325-326.
21　*Le Conservateur littéraire*, t. III, 27ᵉ livraison, 6 janvier 1821, p. 265-268.
22　« *Essai sur l'Indifférence en matière de Religion*, par M. l'abbé de la Mennais. (Cinquième édition.) », art. cité, p. 11.

reconnaîtront entre eux et nous une confraternité, sinon du talent, du moins de zèle et d'opinion ; et nous croyons dire assez quel haut prix nous attachons à ce titre de royalistes, en ajoutant que cette seconde confraternité ne nous paraît pas moins glorieuse que la première[23].

La revue est également nommée à la fin du volume, dans un texte qui rend hommage à son rôle politique important : « un ouvrage célèbre, sous le titre de *Conservateur*, vint opposer une digue au torrent révolutionnaire[24] ». Cette fidélité aux hommes et aux principes du *Conservateur* apparaît dans d'autres indices. L'un d'entre eux est la publication d'un article lorsque paraît la deuxième partie du texte de Lamennais dont nous avons parlé plus haut. Cela donne lieu à un compte-rendu signé A. (Abel Hugo), intitulé : « *Essai sur l'indifférence en matière de religion* ; par M. l'abbé F. de la Mennais (Tome II.)[25] »

De façon générale, *Le Conservateur littéraire* continue à s'attaquer au libéralisme. Mais l'élément le plus déterminant est la présence presque envahissante d'articles revenant sur l'attentat qui causa la mort du duc de Berry le 13 février 1820[26]. Il s'agit de la reprise d'un thème fondamental pour les royalistes, et que le *Conservateur* traitait abondamment avant sa suppression avec entre autres dans la soixante-treizième livraison un article d'Astolphe de Custine sous le titre « Réflexions sur cet assassinat[27] » et dans la livraison suivante un texte du vicomte de Castelbajac intitulé « Sur l'assassinat de S. A. R. Mgr le duc de Berry[28] ».

Le Conservateur littéraire consacre les deux articles de la rubrique « Revue littéraire[29] » de sa septième livraison, juste après l'attentat, à ce thème. *Le Conservateur* disparaît avant la huitième livraison, où trois des articles de la « Revue littéraire[30] » sont également consacrés à des textes écrits en hommage au duc de Berry. On en trouve encore deux dans la dernière livraison du premier volume[31], avant une interruption. Mais lorsque Chateaubriand publie sa brochure consacrée au même

23 « Préface », dans *Le Conservateur littéraire*, t. II, 11e livraison, 6 mai 2020, p. 2.
24 « Variétés, nouvelles littéraires, etc. », *ibid.*, 20e livraison, 2 septembre 1820, p. 398.
25 *Ibid.*, tome II, 19e livraison, 19 août 1820, p. 348-351.
26 Maurice Souriau, *op. cit.*, p. 506-515.
27 *Le Conservateur*, t. VI, 73e livraison, 10 février 1820, p. 356-359.
28 *Ibid.*, 74e livraison, 18 février 1820, p. 385-388.
29 *Ibid.*, t. I, 7e livraison, 4 mars 1820, p. 274-278.
30 *Ibid.*, 8e livraison, 25 mars 1820, p. 317-319.
31 *Ibid.*, 10e livraison, 15 avril 1820, p. 394-397 et p. 400.

thème, c'est cette fois dans la rubrique « Littérature française[32] » (plus développée) que l'on trouve un long article à ce sujet, complété de trois articles plus brefs en « Revue littéraire[33] », consacrés à d'autres écrits en honneur du duc. De ce fait, la totalité de la critique littéraire de cette livraison a pour sujet le duc de Berry : ce traitement quantitatif écrasant d'un thème cher aux royalistes crée une véritable continuité avec la parole du parti et plus particulièrement du *Conservateur*.

Un autre article, intitulé « Projet de proposition d'accusation contre M. le duc Decazes, pair de France, ancien président du conseil des ministres, ancien ministre de l'intérieur et de la police générale du royaume, à soumettre à la Chambre de 1820 ; par M. Clausel de Coussergues, membre de la chambre des députés, conseiller à la cour de cassation, chevalier de l'ordre royal et militaire de Saint-Louis, officier de l'ordre royal de la Légion-d'Honneur. – Observations sur l'écrit publié par M. Clausel de Coussergues contre M. le duc Decazes ; par M. le comte d'Argout, pair de France[34] » a un statut particulier, au point de vue du rapport avec *Le Conservateur*. Ce long titre annonce un contenu très politique, mais la revue prétend toujours ne s'occuper que de critique littéraire. Néanmoins, de très longues citations non commentées permettent de jouer sur l'interdiction d'un discours politique dans le titre : « Toutes réflexions sur ce passage, autres que celles qui porteraient sur le style, nous sont interdites par le genre de ce recueil[35]. »

Le choix de textes consacrés à Decazes, que *Le Conservateur* accusait d'être en partie coupable de l'assassinat du duc de Berry, est intéressant car il donne une continuité au débat politique – autant que possible dans une revue littéraire. Cela est d'autant plus vrai qu'un article du *Conservateur*[36] traitait en février 1820 du débat d'opinion autour de la culpabilité du ministre en faisant déjà référence à Clausel de Coussergues.

---

32 « Mémoires, Lettres et Pièces authentiques touchant la Vie et la Mort de S. A. R. Mgr Charles-Ferdinand d'Artois, fils de France, duc de Berri, par M. le vicomte de Chateaubriand », *ibid.*, t. II, 14ᵉ livraison, 10 juin 1820, p. 125-145.

33 *Le Conservateur littéraire, ibid.*, p. 168-170.

34 *Ibid.*, t. III, 22ᵉ livraison, 7 octobre 1820, p. 50-64.

35 *Ibid.*, p. 56.

36 « De deux actes d'accusation portés contre M. le comte de Cazes », *ibid.*, t. VI, 73ᵉ livraison, 10 février 1820, p. 380-381.

DIVERGENCES ET DISCONTINUITÉS

Un lien est donc naturellement entretenu par *Le Conservateur littéraire* avec le titre auquel il se réfère. Néanmoins, de nombreux éléments montrent des discontinuités.

UNE PRÉFÉRENCE POUR LA FIGURE SINGULIÈRE DE CHATEAUBRIAND

En effet, un élément qui frappe à la lecture des comptes-rendus de la revue littéraire est que *Le Conservateur*, en dehors des cas que nous venons d'évoquer, n'est pas nommé. Chateaubriand, à l'inverse, est une figure incontournable dans ce titre. Cela ne surprend pas réellement, car on connait la passion de jeunesse de Victor Hugo pour Chateaubriand[37]. Néanmoins, on trouve des références à Chateaubriand, qui est placé en figure d'autorité, dans des articles attribués à d'autres. Il sert par exemple de modèle pour le genre épique dans les articles d'Abel Hugo sur *L'Orléanide* de Lebrun de Charmettes, comme c'est le cas dans l'ouverture du quatrième article : « S'il était besoin de prouver que les auteurs français ont la *tête* aussi épique qu'un auteur étranger, deux grands exemples viendraient à l'appui de notre assertion : *Télémaque* dans le grand siècle, les *Martyrs* dans le nôtre[38]. »

Il est le modèle d'un succès écrasant, le « Sachem[39] », la figure tutélaire. Dans le premier article du *Conservateur littéraire*, dont nous avons parlé plus haut, il apparaît à deux reprises[40]. Ainsi, comme on peut le constater également dans la citation de la critique de *L'Orléanide*, il fait référence par lui-même, avec ou sans *Le Conservateur*. Par ailleurs, son texte sur le duc de Berry, dont nous avons parlé plus haut, donne lieu à l'article le plus long de l'histoire de la revue.

---

37 Hubert Juin, *op. cit.*, p. 320.
38 « *L'Orléanide*, poëme national en vingt-huit chants ; par M. Lebrun de Charmettes. (Quatrième article.) », dans *Le Conservateur littéraire*, tome III, 28ᵉ livraison, 20 janvier 1821, p. 297.
39 José-Luis Diaz, « Quand le maître devient chef d'école… », dans *Romantisme*, 2003, nᵒ 122, p. 11.
40 « *Essai sur l'Indifférence en matière de Religion*, par M. l'abbé de la Mennais. (Cinquième édition.) », art. cité, p. 13 et 14,

Il occupe ainsi un statut de modèle double. D'une part, il est un modèle littéraire, servant souvent de mesure à la réussite d'un morceau poétique. C'est le cas dans cette critique d'une traduction de *La Jérusalem délivrée* : « Ce morceau [...] restera gravé dans la mémoire des amis de la belle poésie, comme l'admirable description qu'en a tracée M. de Chateaubriand[41]. » Il s'agit ici d'un cas tout particulièrement intéressant, car il fait référence à un texte qui a été repris dans *Le Conservateur*, bien qu'antérieur[42]. Il y a donc bien ici un choix possible, entre la mise en avant du titre dans sa totalité ou de la figure spécifique de Chateaubriand. Or *Le Conservateur* n'est pas nommé. La description de Jérusalem de Chateaubriand, pour sa part, est considérée comme si fameuse qu'elle doit être connue des lecteurs.

Mais ce qui lui permet d'assumer cette place centrale, c'est qu'il est d'autre part et surtout un modèle politique, incarnant les valeurs conservatrices du titre. On le constate dans l'article de critique de la vingt-deuxième livraison, consacré à Decazes, que nous avons mentionné plus haut. Ses pamphlets littéraires font référence à tous points de vue : « Si la *Monarchie selon la Charte, la Notice sur la Vendée, les Mémoires sur Mgr. le duc de Berri*, sont des chefs-d'œuvre comme écrits politiques, personne ne niera qu'ils ne soient en même temps des chefs-d'œuvre littéraires[43]. » Cette double supériorité, qui lui assure un statut à part – et plus important que celui du *Conservateur*, qui pour sa part n'est que politique – est également mise en avant lorsque *Le Conservateur littéraire* vole à la défense de son idole[44], attaquée par le *Défenseur* :

> Le *Défenseur* (2ᵉ livraison, pag. 517) s'est étonné de l'hommage rendu par le *Journal des Débats* à l'immense supériorité de ce grand homme d'État. Nous nous étonnons à notre tour, avec tous les amis du trône, de l'étonnement du *Défenseur*.

Il précise plus loin ce statut de figure centrale et fondamentale : « Oui, nous le disons hautement, il est bien notre *chef*, [...][45]. » Cet article, signé

---

41 « *La Jérusalem délivrée*, traduite en vers français, par M. Baour-Lormian », dans *Le Conservateur littéraire*, t. I, 2ᵉ livraison, 25 décembre 1819, p. 61.

42 « Panorama de Jérusalem », *ibid.*, t. III, 30ᵉ livraison, 13 avril 1819, p. 177-183.

43 « Projet de proposition d'accusation contre M. le duc Decazes [...] », *op. cit.*, p. 50-51.

44 Pierre Clarac, « Quelques remarques sur les relations de Chateaubriand et de Victor Hugo », dans *Revue d'histoire littéraire de la France*, 68ᵉ année, nº 6, 1968, p. 1007.

45 « Sur quelques phrases du *Défenseur* », dans *Le Conservateur littéraire*, t. II, 16ᵉ livraison, 1ᵉʳ juillet 1820, p. 247.

par « Les rédacteurs » du titre, représente donc une opinion partagée et fondamentale dans la revue. On retrouve d'ailleurs à nouveau cette réaction de défense, en août 1820, face à une attaque des *Lettres normandes*[46].

Chateaubriand est ainsi érigé en modèle, et ce de façon continue, par opposition au *Conservateur* dont nous avons vu qu'il n'est réellement cité que dans le deuxième tome, après sa disparition, et jamais dans la critique. On le retrouve parmi d'autres personnalités du *Conservateur* dans la liste des abonnés à la Société des Bonnes-Lettres[47], mais le souvenir de semi-périodique politique n'est pas évoqué. Cette place centrale accordée à Chateaubriand prend tout son sens face à une origine en mouvement du romantisme et de la langue romantique[48] chez de jeunes écrivains, du fait du succès immense de son style nouveau.

QUELLE INDÉPENDANCE DE LA CRITIQUE FACE AUX LECTURES PARTISANES DE LA LITTÉRATURE ?

Cette préférence pour la figure singulière de Chateaubriand, plutôt que pour le titre dont *Le Conservateur littéraire* se réclame, peut se deviner dans de nombreux détails qui tendent à donner la sensation d'une distance voulue – partielle du moins – avec l'encombrant *Conservateur*. Jules Marsan invite notamment à remarquer que le patronage du *Conservateur* n'est annoncé que très tardivement par Agier, le 3 mars 1820[49]. Cette annonce, néanmoins, insiste sur l'aspect positif de la création de ce titre, mais n'indique aucune parenté :

> Au milieu de tant de causes, d'inquiétudes et de chagrins, on en trouve néanmoins de consolations et d'espérances. [...] Cette dernière réflexion nous est inspirée par la lecture des quatre premiers numéros d'un nouveau journal intitulé : *le Conservateur littéraire* [...][50].

Pourtant, cet unique article, qui officialise la place du *Conservateur littéraire* dans les rangs de l'ultracisme, relève également un désaccord,

---

46 « Sur un article des *Lettres normandes* », dans *ibid.*, 19ᵉ livraison, 19 août 1820, p. 366-368.
47 « Société des Bonnes-Lettres (Extrait du prospectus) », dans *ibid.*, t. III, 29ᵉ livraison, 17 février 1821, p. 362-367.
48 François Vanoosthuyse, « Le bon usage des romantiques, 1800-1830 », dans *Romantisme*, 2009, n° 146, p. 25-26.
49 Jules Marsan, *op. cit.*, p. v.
50 « Du *Conservateur littéraire* », dans *Le Conservateur*, t. VI, 75ᵉ livraison, 25 février 1820, p. 465-466.

malgré un « esprit excellent » : « Toutefois, nous ne pouvons dissimuler l'étonnement et la peine que nous avons éprouvés du jugement qu'on y porte sur la tragédie de M. Ancelot[51]. » En effet, malgré une hostilité en partie de commande aux œuvres des libéraux, Hugo et ses collaborateurs ne contraignent pas complètement leur appréciation littéraire[52]. Le désaccord se cristallise ici dans la préférence, annoncée par *Le Conservateur littéraire*, pour la pièce *Les Vêpres siciliennes* de Casimir Delavigne – malgré les opinions libérales de celui-ci. En conséquence, l'article signé V. par Hugo pose un jugement assez critique sur la pièce, pourtant royaliste, d'Ancelot. La conclusion est donc sans appel : « D'après les exemples que nous venons de citer, il est facile de voir en quoi la manière de M. Delavigne l'emporte sur celle de M. Ancelot[53]. »

La liberté que s'octroie *Le Conservateur littéraire* dans sa critique est naturellement problématique pour le journal politique qu'est *Le Conservateur.* On constate d'ailleurs de légers effets de décalage. L'un est involontaire : la réponse des frères Hugo et de leurs collaborateurs ne vient qu'après la disparition du *Conservateur,* lors de leur huitième livraison. D'autres interpellent davantage. *Le Conservateur littéraire* n'annonce pas la fin de son homonyme. Par ailleurs, la réponse du « rédacteur » de la revue ne prend pas en compte le reproche d'erreur de jugement et se concentre sur un élément de détail et sans lien, à savoir l'identité des rédacteurs :

> C'est avec regret que les rédacteurs du *Conservateur littéraire* se voient encore forcés d'entretenir d'eux leurs lecteurs ; mais c'est avec un bien vrai plaisir qu'ils saisissent cette occasion de remercier publiquement M. Agier de ses éloges et de ses honorables encouragements[54].

Le Conservateur littéraire insiste à plusieurs reprises sur l'indépendance de l'opinion dans sa critique. C'est justement le cas dans l'un des articles consacrés à Ancelot : « Il y a quelque courage à casser les arrêts de la faction, il y en a peut-être plus encore à les défendre, quand le hasard

---

51 *Ibid.*, p. 468.
52 Marieke Stein, *op. cit.*, p. 14-16.
53 « *Les Vêpres siciliennes*, tragédie par M. C. Delavigne. – Louis IX, tragédie par M. Ancelot. (IIᵉ et dernier article) », dans *Le Conservateur littéraire*, t. I, 4ᵉ livraison, 29 janvier 1820, p. 134 et 139.
54 *Ibid.*, 8ᵉ livraison, 25 mars 1820, p. 320.

les faits justes[55]. » Cette déclaration de principe n'est pas toujours suivie dans les faits. Le plus souvent, les opinions politiques de l'auteur sont au cœur de la critique – comme nous avons pu le constater au travers des exemples croisés jusqu'ici.

Mais ce qui, dans les commentaires sur le style, peut passer pour de la proximité réfléchie avec le *Conservateur,* et un sacrifice aux opinions royalistes, est en fait en large part à attribuer au goût encore très classique des critiques et notamment d'Hugo. C'est le cas par exemple dans le compte-rendu de la *Marie Stuart* de Schiller[56], qui reprend les « vieux arguments contre les Allemands et le parallèle ressassé entre tragédie et drame[57] », proposant ainsi une revue très classique. Ainsi, la critique du *Conservateur littéraire* mêle des éléments classiques, notamment autour du respect des règles[58], à une certaine ouverture à des goûts nouveaux.

On peut d'ailleurs noter une forme de libération des attendus et opinions légitimistes portées sur la littérature dans le troisième volume, alors que le cercle se coule dans le journal[59]. Un groupe assez jeune se forme autour du *Conservateur littéraire* et la distance se creuse avec *Le Conservateur.* L'admiration professée par Alfred de Vigny pour Lord Byron dans l'article qu'il lui consacre ne saurait en effet rentrer dans la ligne des opinions du titre disparu, car le ton est extrêmement élogieux, malgré l'absence de religion de l'auteur : « Son âme, profondément blessée, a versé son fiel sur toute la nature[60]. »

Le discours sur Germaine de Staël est un exemple représentatif de cette distance prise avec *Le Conservateur.* Le groupe du journal politique a en effet une longue histoire de débat littéraire et politique avec la fille de Necker, débat auquel Chateaubriand participait déjà dans le *Mercure de France* en 1800[61]. Quelques articles du premier tome s'intéressent à des *Considérations sur la Révolution* de Germaine de Staël, et font

55   « *Les Vêpres siciliennes,* tragédie par M. C. Delavigne. – Louis IX, tragédie par M. Ancelot. (Premier article.) », dans *ibid.,* 2ᵉ livraison, 25 décembre 1819, p. 65.

56   « *Marie Stuart,* tragédie ; par M. Lebrun », dans *ibid.,* 9ᵉ livraison, 1ᵉʳ avril 1820, p. 350-362.

57   René Bray, *Chronologie du romantisme (1804-1830),* Paris, Boivin & Cie, 1932, p. 52.

58   Maurice Souriau, *op. cit.,* p. 535-536.

59   Jules Marsan, *op. cit.,* p. XXVII-XXX.

60   « *Œuvres complètes* de Lord Byron. (Premier article.) », dans *Le Conservateur littéraire,* t. III, 26ᵉ livraison, 9 décembre 1820, p. 216.

61   Mariane Grams (Mariane), *Chateaubriand journaliste,* Villeneuve d'Ascq, Presses univer- sitaires du Septentrion, 1999, p. 40.

apparaître des critiques vives. Un article de Fitz-James met en avant la fausseté de son rapport au sujet : « Cependant, en examinant bien, on ne trouve dans les *Considérations sur la Révolution*, ni la saine philosophie, ni l'impartialité, ni la vérité, qui appartiennent à l'histoire[62]. » Quant à un autre article, de la main de Genoude et qui revient non sur l'ouvrage mais sur l'opposition avec Bonald, il montre la légèreté du traitement du thème : « Ces motifs ont engagé M. de Bonald à discuter et approfondir les graves questions que Mme de Staël a introduites dans son ouvrage plutôt qu'elle ne les a traitées[63]. »

À l'inverse, *Le Conservateur littéraire* fait référence à Germaine de Staël à plusieurs reprises, sans entrer dans le débat d'idées. L'ancienne controverse ne concerne pas ces jeunes auteurs, et René Bray note que certains, notamment Alexandre Soumet, sont fortement influencés par son œuvre[64]. Il la mentionne d'ailleurs à la fin d'un article consacré à un ouvrage de Portalis : « la fille de M. Necker semblait y avoir consacré les siens [de talents], et M. le comte de Portalis, qui s'élève dans plusieurs endroits de son discours à la hauteur du génie poétique et philosophique de Mme de Staël, méritait de se rencontrer avec cette femme célèbre, dans les sentiments de piété filiale qui l'ont toujours distinguée[65]. » Le ton ici est laudatif et n'entre pas dans une logique partisane. De même, dans l'article précédent consacré à Byron par Vigny, elle sert de figure de référence et est désignée comme « une femme d'un grand talent[66] » sans *addendum* qui viendrait tempérer ce jugement.

On rencontre donc, dans *Le Conservateur littéraire*, une certaine diversité et une richesse dans les opinions littéraires. Néanmoins, la distance avec certaines opinions du journal politique n'est jamais déclarée ouvertement, ce dont rend bien compte la réponse biaisée du rédacteur à la remarque faite par Agier au sujet de la critique d'Ancelot. Ces libertés dans la critique et dans les choix d'œuvres se font tout particulièrement

---

62 « Sur le dernier ouvrage de madame de Staël », dans *Le Conservateur*, t. I, 5ᵉ livraison, 30 octobre 1818, p. 205.

63 « Sur les Observations de M. de Bonald, relatives au dernier ouvrage de Mme de Staël », dans *ibid.*, 7ᵉ livraison, 14 novembre 1818, p. 330.

64 René Bray, *op. cit.*, p. 41.

65 « *De l'usage et de l'abus de l'esprit philosophique durant le dix-huitième siècle*, par J. L. M. Portalis, de l'Académie française. Précédé d'une notice sur la vie de l'auteur, et d'un discours préliminaire », dans *ibid.*, t. III, 26ᵉ livraison, 9 décembre 1820, p. 223.

66 « *Œuvres complètes* de Lord Byron. (Premier article.) », art. cité, p. 212.

sentir après la disparition du *Conservateur* et l'élargissement du cercle de rédacteurs. Si l'indépendance du jugement dans la jeune revue n'est pas totale, elle est néanmoins réelle par rapport au *Conservateur*. On constate donc, dans la critique littéraire de la jeune revue, une continuité déclarée avec *Le Conservateur*, mais qui en dehors des idées politiques est un peu forcée et superficielle. Cela est cohérent avec le statut particulier accordé à Chateaubriand. D'ailleurs, quand d'autres auteurs ayant participé au *Conservateur* sont cités, ils ne sont jamais reliés au titre, mais seulement à leurs opinions politiques : on pense ici par exemple à l'article de la vingt-septième livraison consacré à Genoude, cité plus haut.

LE LIEN AVEC *LE CONSERVATEUR* AU SERVICE D'UNE AFFIRMATION SUR LA SCÈNE LITTÉRAIRE

L'entrée dans l'équipe du *Conservateur* des amis littéraires des frères Hugo est un indice évident de la constitution d'un groupe autour du journal. C'est ce que montre Anthony Glinoer dans une étude consacrée aux cénacles romantiques : il note ainsi que le cénacle de Deschamps, dont il s'agit ici, est né de rencontres successives mais s'est véritablement construit et pérennisé par une revue, voie naturelle au XIXᵉ siècle. À l'époque du *Conservateur littéraire*, dans le dernier volume surtout mais déjà avant, on devine ainsi ce « double objectif de pérennisation et de progression[67] » en action.

Ces éléments permettent de mieux comprendre cette continuité seulement partielle avec *Le Conservateur*, et la place grandissante d'un retour sur soi indépendant du titre politique. Dans le troisième tome du *Conservateur littéraire*, les renvois à des textes et auteurs du *Conservateur* se font moins courants alors que le groupe littéraire se fond dans la revue. Entouré d'un cercle véritable, *Le Conservateur littéraire* commence à faire référence aux siens et à les présenter et introduire, leur construisant ainsi une légitimité. Dans la vingt-sixième livraison, la rubrique de « Variétés, Nouvelles littéraires, etc. » présente Deschamps, traducteur d'Horace : « Puisque nous sommes en train de parler de notre jeunesse lettrée, pourquoi tairions-nous le plaisir que nous avons éprouvé à la lecture de la traduction inédite en vers français des odes d'Horace, par

---

67   Anthony Glinoer, « Sociabilité et temporalité : le cas des cénacles romantiques », dans *Revue d'Histoire littéraire de la France*, 2010, n° 3, p. 554-555.

M. Émile Deschamps[68]. » Deux livraisons plus tard, cet auteur désormais présenté fait l'objet d'un article entier, dans la rubrique « Littérature française », plus importante et sérieuse : « La Cloche, poëme, traduit de Schiller ; par M. Émile Deschamps[69]. » C'est selon un schéma similaire qu'apparaît le nom d'Alexandre Soumet.

Ainsi, dans le dernier volume, non content de diversifier son équipe de rédaction, *Le Conservateur littéraire* commence à parler de ceux qui constituent son cercle en construction, leur consacrant des articles de critique qui participent à leur donner une place dans le paysage littéraire : le titre met ainsi à son service le poids de son nom de *Conservateur* et de ses attaches pourtant assez lointaines au groupe de Chateaubriand, une fois libéré de cette présence un peu embarrassante, et après avoir établi le lien dans les premières livraisons, comme nous l'avons vu. Dans cette perspective, la préface au tome II peut être relue comme participant à placer les auteurs du *Conservateur littéraire* au niveau de ceux du *Conservateur* :

> [N]ous espérons que ses honorables rédacteurs reconnaîtront entre eux et nous une confraternité, sinon du talent, du moins de zèle et d'opinion ; et nous croyons dire assez quel haut prix nous attachons à ce titre de royalistes, en ajoutant que cette seconde confraternité ne nous paraît pas moins glorieuse que la première[70].

Ici, ce qui vient en premier est une « confraternité » littéraire qui implique entre autres le talent, avant même les opinions monarchistes : de façon subtile, les jeunes auteurs se hissent au niveau des fameux collaborateurs du *Conservateur*. De la même façon, le refus du « conflit » au sujet d'Ancelot donne à lire une entente : dans *Le Conservateur littéraire*, qui ne répond pas à la remarque du *Conservateur* sur ses opinions littéraires, on ne voit donc qu'une entente et une continuité, quel que soit le contenu réel des articles... et cela est d'autant plus vrai après la disparition du *Conservateur*, qui ne peut plus protester et se mettre à distance. En conservant ce nom, sans avoir à entretenir un réel accord, les rédacteurs du *Conservateur littéraire* acquièrent un poids porté par le sérieux et la diffusion large du *Conservateur*, tout en cultivant leur autonomie.

---

68   « Variétés, nouvelles littéraires, etc. », dans *Le Conservateur littéraire*, t. III, 26ᵉ livraison, 9 décembre 1820, p. 247.
69   *Ibid.*, 28ᵉ livraison, 20 janvier 1821, p. 293-297.
70   « Préface », *dans ibid.*, t. II, 1ʳᵉ livraison, 6 mai 2020, p. 2.

Il est d'ailleurs important de noter qu'une place significative est accordée à la jeunesse et aux jeunes talents dans l'ensemble du titre, ce qu'entérine la préface du troisième tome : « Les jeunes talents trouveront un facile accès parmi nous ; nous les animerons volontiers *du geste et de la voix* ; car de grandes espérances reposent aujourd'hui dans la jeunesse lettrée[71]. » Cette déclaration, dont nous avons vu la mise en application avec Émile Deschamps, reflète une réalité déjà présente dans les tomes précédents, où de nombreux comptes-rendus sont consacrés à de jeunes auteurs, en mettant souvent en avant leurs qualités qui doivent encore se développer. Au sujet de *L'Observateur du XIXᵉ siècle* on déclare que « ce sujet exigeait un talent plus mûr que celui de M. St.-Prosper » ce qui fait de son travail une « ébauche[72] », mais cela n'empêche pas la revue de revenir à plusieurs reprises sur les textes de Saint-Prosper, dans la cinquième livraison par exemple[73] où il est surtout complimenté. Plus tard, c'est la jeunesse de Corbière qui permet au critique d'excuser ses prises de position extrêmes : « Dans la jeunesse on est rarement dépravé et facilement égaré[74]. »

De tels principes permettent de placer les auteurs dans une position supérieure, du fait d'une fiction de l'âge pratiquée parfois ouvertement par Hugo[75]. Mais ils participent également à légitimer la prise de parole d'une équipe très jeune, en donnant une place aux jeunes auteurs dans la scène littéraire, et à donner force à la voix d'Hugo et de ses amis : ce n'est que dans le dernier tome, alors que le groupe du *Conservateur littéraire* a affirmé sa place, que Victor Hugo signe de son nom : on trouve V.-M. Hugo dans la vingt-quatrième livraison[76] et enfin, dans le dernier numéro, il se dévoile tout entier en signant Victor-Marie Hugo[77].

Ainsi, le lien entretenu avec *Le Conservateur* permet aux jeunes écrivains de s'aligner sur les opinions politiques de ses rédacteurs, mais également

---

71　« Préface », dans *ibid.*, tome III, 21ᵉ livraison, 9 septembre 1820, p. 6.

72　« *L'Observateur du dix-neuvième siècle*, par M. A. J. C. Saint Prosper », dans *ibid.*, t. I, 1ʳᵉ livraison, 11 décembre 1819, p. 26.

73　« *La Famille Lillers ou Scènes de la vie*, par A. J. C. Saint-Prosper, auteur de l'*Observateur du dix-neuvième siècle*, tome premier », dans *ibid.*, 5ᵉ livraison, 4 février 1820, p. 185-189.

74　« *Les Philippiques françaises*, par M. Éd. Corbière », dans *ibid.*, 9ᵉ livraison, 1ᵉʳ avril 1820, p. 340.

75　Maurice Souriau, *op. cit.*, p. 494-495.

76　« À MM. les rédacteurs du Conservateur littéraire », dans *Le Conservateur littéraire*, t. III, 24ᵉ livraison, 4 novembre 1820, p. 155-158.

77　« À MM. les rédacteurs du *Conservateur littéraire*, sur la *Biographie nouvelle des contemporains* », dans *ibid.*, 30ᵉ livraison, 31 mars 1821, p. 389-392.

de se donner une place de choix dans le champ littéraire, en tirant partie de la popularité du titre et plus particulièrement de la figure de Chateaubriand. C'est alors davantage le prestige et le royalisme du titre politique auquel se rattache le groupe qui s'agrège autour d'Hugo, et qui permet d'affirmer l'existence d'un groupe légitime dans les milieux littéraires, qui achèvera de se constituer dans *La Muse française*[78] : dans sa critique littéraire, *Le Conservateur littéraire* est habité par la complexité du rapport entre politique et littérature, et par le jeu nécessaire entre l'indépendance de ses idées et la notoriété permise par un alignement avec le groupe du *Conservateur.*

Morgane AVELLANEDA

---

78 Ernest Dupuy, *Alfred de Vigny : ses amitiés, son rôle littéraire. I. Les amitiés.* Paris, Société française d'imprimerie et de librairie, 1914, p. 139

VIGNY DANS LA PRESSE

Petite anthologie de textes critiques

LE GLOBE, MERCREDI 21 OCTOBRE 1829

POÉSIE.

Poèmes, par M. le comte Alfred de Vigny. – Seconde et troisième éditions[1].

La cause de la réforme dramatique est aujourd'hui suffisamment plaidée ; il reste peu de choses à dire sur les unités, le mélange du tragique et du comique, etc. Le système artificiel et concentré dont nos grands poètes des deux derniers siècles ont su tirer de si beaux effets ne paraît plus à personne le seul régulier, le seul légitime, le seul vraisemblable : la mauvaise métaphysique au moyen de laquelle Laharpe et ses faibles successeurs se sont efforcés de faire passer en loi cette exception glorieuse est tombée devant un examen plus attentif et surtout devant l'expérience, cette *ultima ratio* de la critique. Nous avons non seulement lu, mais vu à la scène, des chefs-d'œuvre d'une autre famille, et nous ne saurions douter désormais que plus d'un chemin ne conduise à l'émotion tragique. C'est à présent querelle finie et cause gagnée : on est au-delà.

Aujourd'hui la discussion s'engage sur un autre terrain, sur celui de la poésie pure, ou si l'on veut de la poésie non théâtrale. Là beaucoup de points sont encore à débattre. C'est pourtant dans ce genre que s'exercent et que brûlent tous nos jeunes talents. Au contraire la réforme qui a vaincu théoriquement au théâtre n'y a encore produit aucun ouvrage qu'elle avoue. N'est-il pas surprenant que les théories nouvelles soient plus avancées là où nulle pièce de conviction ne les appuie, du moins

---

1   Un vol. in-8°. À Paris, chez Charles Gosselin, rue Saint-Germain-des-Prés, n° 9.

en notre langue ; et n'est-il pas singulier que la critique et la poésie aient pris ainsi une route inverse ? Cela au reste s'explique aisément. La poésie dramatique est, depuis deux siècles, à peu près le seul genre de haute poésie où la France se soit exercée, le seul par conséquent sur lequel elle eut des opinions faites, une poétique arrêtée, quelque chose enfin à discuter et à combattre. Dans le genre épique, lyrique, élégiaque, la France ne possédait rien, ou presque rien ; partant, avait à peine des opinions, et surtout aucune opinion populaire et tyrannique à réformer. L'art, en s'élançant dans ces genres presque vierges, pouvait s'y déployer à l'aise et sans avoir à passer par les verges de comités de lecture et de parterres pédants, il lui était aisé de voir et d'écarter lui-même ce qui le gênait, de casser sa coque en un mot, et de prendre un libre essor. Dans le genre dramatique, au contraire, la coque était si dure, qu'il a fallu que la critique lui prêtât son aide pour la briser.

Mais si, en s'élançant dans les régions nouvelles du poème, de l'ode et de l'élégie, nos jeunes poètes rencontraient sur leurs pas moins d'entraves et de préjugés, l'œuvre faite, les cris de l'école et du purisme durent les assaillir avec fureur. Ce fut aussi ce qui advint. Le peuple des critiques appliqua l'ancienne règle à ces genres nouveaux : ils crurent faire merveille en jugeant la poésie lyrique, épique, élégiaque, d'après les lois de la seule poésie que nous eussions, de la poésie dramatique. On blâma cette nouvelle venue de parler une autre langue, de suivre d'autres procédés, en un mot d'être elle et non pas celle que l'on connaissait. De ce que nos jeunes poètes, s'essayant dans l'ode, le poème et l'élégie, ne ressemblaient ni à Racine, ni à Voltaire, ni à Corneille, de ce qu'ils s'adressaient plus à l'imagination qu'à la passion, ou peignaient des sentiments plutôt intimes et concentrés qu'expansifs, on en conclut qu'ils étaient barbares. L'imagination et la rêverie sont choses si rares dans nos climats, qu'il se trouva peu de lecteurs qui sentissent du premier coup le mérite d'œuvres qui s'adressent à deux facultés que si peu de gens possèdent. *Inde iræ !*

Mais voici que déjà ces cris s'apaisent. Les discussions ne s'éternisent que quand on ne peut arguer d'une œuvre faite. Ici, par bonheur, les pièces du procès sont nombreuses ; tous les juges de bonne foi peuvent y recourir. Aussi fait-on, et chaque jour diminue-t-il le nombre des opposants. Comme les autres facultés de l'homme, l'imagination, en s'exerçant, finit par se fortifier et s'étendre, et rien ne prouve mieux

combien à cet égard le goût public s'est amélioré promptement que
le succès qu'obtient cette aimée la réimpression des poésies de M. de
Vigny, comparé au déchaînement moitié dédaigneux moitié colère, qui
les accueillit à leur naissance.

À entendre les premiers lecteurs, M. Alfred de Vigny était un écrivain
d'une incorrection révoltante, prétentieux, obscur, à idées laborieusement
inintelligibles. Le dirons-nous ? c'est avec cette prévention hostile que
nous avons nous-mêmes ouvert son livre. Quelle a été notre surprise !
Nous avons trouvé dans ce soi-disant barbare l'écrivain le plus suave,
le plus mélodieux, le plus artiste ; son recueil nous a offert une langue
poétique nouvelle, d'une fraîcheur, d'un éclat, d'une richesse ravissante ;
des procédés d'art et de prosodie tout nouveaux ; un génie d'une élévation, d'une chasteté, d'une grâce infinie. Pourquoi nous en cacher ? nous
l'avons lu et relu avec délices. De pareilles poésies décorées d'un nom
d'auteur anglais ou allemand auraient indubitablement obtenu parmi
nous un succès éclatant ; mais M. de Vigny est Français, et personne
n'a voulu se compromettre en le louant comme on eût fait un étranger.
Et cependant, auprès d'*Éloa*, *les Amours des Anges*, de Thomas Moore,
ne sont qu'une mesquine et coquette conception, un feu follet sans
consistance et sans portée. Enfin, dans notre premier enivrement, nous
n'apercevions dans ces poésies aucune trace des défauts que l'on nous
avait signalés, et nous demandions instamment à ces juges si sévères de
nous révéler ces monstrueux pas sages qui les avaient si fort blessés. À
présent que nous avons étudié les *poèmes* de M. de Vigny avec plus de
calme, nous commençons à y discerner à peu près ce qui a pu choquer
d'abord les lecteurs d'une imagination si susceptible ou plutôt si rétive.
Nous convenons qu'il se trouve çà et là un peu de recherche, un peu
d'apprêt, même un peu d'incorrection. Aujourd'hui donc nous croyons
pouvoir, sans fol enthousiasme comme sans injuste dédain, parcourir
ce recueil avec le lecteur. Nous serons court, car en causant de poésies
que chacun a sous les yeux, on peut espérer d'être entendu à demi-mots.

Les pièces que renferme ce volume sont réparties en *deux livres*,
l'un *ancien*, l'autre *moderne*. Cette division, que quelques critiques ont
blâmée comme frivole, a l'avantage de rapprocher des pièces de nature
diverses, et de jeter ainsi de la variété dans la lecture. Si l'on voulait
les classer d'après le genre auquel chacune appartient soit par sa forme,
soit par les émotions qu'elle excite, on établirait entre elles de bien plus

nombreuses divisions. On trouverait d'abord une idylle et une élégie dans le goût antique, la *Dryade* et *Symetha*, essais pleins de fraîcheur, écrits en 1815 sous une inspiration que l'on croirait celle d'André Chénier, si les poésies posthumes de cette jeune victime de nos troubles politiques n'avaient été publiées pour la première fois en 1819[2] ; deux trop courts fragments descriptifs ou plutôt pittoresques, l'un extrait d'un poème de *Suzanne*, l'autre intitulé *le Bain d'une Dame romaine*, tous deux d'un coloris éblouissant ; une élégie charmante, *le Bal* ; trois contes naïfs d'un mérite fort inégal, *le Cor, la Neige, Madame de Soubise* ; trois petits poèmes ou récits, d'un intérêt fortement dramatique, *la Somnambule, la Prison, Dolorida* ; quatre autres compositions, *la Femme adultère, la Fille de Jephté, le Trapiste, la Frégate la Sérieuse*, qui se rapprochent plus particulièrement de la manière de lord Byron par leur éclat oriental et leur coupe presque lyrique ; enfin, trois grands poèmes bibliques, dont les deux derniers sont deux chefs-d'œuvre, *le Déluge, Moïse*, et *Éloa*.

Les trois plus beaux morceaux, ceux qui placent le plus haut M. Alfred de Vigny, sont, sans comparaison, *Dolorida, Moïse*, et *Éloa. Éloa*, que la critique de notre époque n'a pas comprise, est une grande et large conception, un mythe dans le genre de ceux d'Hésiode et de Milton ; une allégorie aussi fraîche, aussi gracieuse, aussi transparente que celle de Pandore ; aussi belle, aussi délicate, et plus prolongée que celle des *Prières*. Certes si l'on trouvait dans Klopstock un épisode aussi poétiquement conçu, aussi heureusement exécuté, on se récrierait d'admiration ; on se désaltérerait avec bonheur à cette source imprévue de poésie naïve et pure qui vient raviver un âge aride et desséché ; on ne se lasserait pas de savourer cette langue séraphique si nouvelle et si douce, si claire quoique si indécise, si chaste quoique si passionnée. La pensée du poète, qui perce à travers sa fable, mais qui perce sans éclat, et comme la clarté d'une lampe à travers la gaze qui la voile ; la pensée du poète, disons-nous, est belle, morale, touchante. M. de Vigny nous montre dans *Éloa*, dans cette *sœur des anges*, née d'une larme du Sauveur, dans cette intéressante et céleste figure de la pitié qui se perd, une image intéressante et pure des plus douces faiblesses de la terre. Cet attrait d'Éloa pour un ange déchu, cet instinct qui la pousse vers le malheur, cette impossibilité de

---

2   Il n'avait paru, avant 1815, que *le Jeu de Paume* et quelques élégies insérées dans des recueils du temps. On regrette que l'éditeur, M. Delatouche, n'ait pas pris soin d'indiquer ce petit nombre de pièces déjà publiées.

résister aux larmes, son essence ; toutes ces causes de la chute de l'auge nous rappellent d'autres chutes, causées aussi par une tendre pitié et un doux entraînement de consolation. Qu'on ne croie pas toutefois ne trouver dans ce poème qu'une allusion à des séductions vulgaires, qu'une scène de boudoir élevée de la terre au ciel. Éloa n'est pas une Mathilde faite ange ; entraîné, subjugué par sa propre création, le poète, devant Éloa, semble avoir entièrement perdu de vue ses sœurs terrestres, et avoir même, par amour d'elle, oublié souvent la moralité qu'elle voile. Cette fille de l'imagination a pris une existence propre et réelle, et vivra au même titre que la Psyché des anciens. Nous demandons sans cesse du merveilleux : en voilà certes du plus ravissant et du plus poétique.

Que si l'on veut à toute force noter quelques défauts dans ce bel ouvrage, peut-être pourrait-on trouver un peu d'embarras et d'effort dans l'exorde. L'idée de faire naître cette ange compatissante et sensible d'une larme de Jésus-Christ était peut-être un peu imprévue, un peu effarouchante pour le début ; mais ce pas une fois franchi, l'auteur se lance dans le sujet à demi-fantastique, à demi réel, qu'il a choisi, et s'y soutient avec une force et une facilité inimitables.

Au même rang qu'*Éloa* il faut placer *Moïse*, cette forte et peut-être plus simple composition. Ici l'on ne trouve point, comme dans *Éloa*, la création d'un nouvel être : c'est une triste et grande idée, une idée moderne, qui vient ranimer un ancien mythe dont le sens primitif était affaibli ou perdu. On ne saurait peindre en traits plus poétiques cette mélancolie de la toute-puissance, cette tristesse d'une supériorité surhumaine qui isole ; ce pesant dégoût du génie, du commandement, de la gloire, de toutes ces choses qui font du poète, du guerrier, du pro-phète, un être gigantesque et solitaire, un Paria de la grandeur. Dans cette amère et sombre prière de Moïse, qui aspire à la mort comme à la seule chose qui puisse lui faire sentir encore qu'il est homme, il y a une largeur, un à-plomb, une aisance dans le colossal, qui rappelle et semble expliquer le *Moïse* de Michel-Ange.

Le Déluge porte, comme *Éloa*, la date de 1825. Nous nous trompons peut-être ; mais dans le dévouement d'Emmanuel et de Sara, dans ce dernier entretien de deux jeunes gens qui, descendant l'un d'un ange, l'autre de Noé, pouvaient se sauver séparément, et qui aiment mieux périr ensemble, le poète semble s'exercer et comme préluder à la séraphique composition qui devait suivre. Ce qui nous fait voir, peut-être à tort, un essai et comme une étude dans *le Déluge*, c'est qu'ici la perfection est beaucoup moindre. Le lieu commun se montre même dans cette pièce, dont quelques parties d'ailleurs sont si originales : M. de Vigny n'a pas échappé à ces réminiscences des poètes latins, qui étaient l'écueil du sujet. On retrouve avec chagrin dans ce tableau, que l'on voudrait effrayant et simple comme la Genèse et le Poussin, ces futilités antithétiques si malheureusement empruntées d'Ovide :

> Le cèdre jusqu'au nord vint écraser le saule ;
> Les ours noyés, flottants sur les glaçons du pôle,
> Heurtèrent l'éléphant près du Nil endormi, etc.

Si M. de Vigny eût fait disparaître de cette pièce une quarantaine de vers écrits dans ce goût, on serait bien plus frappé de tout ce qu'elle contient de beautés vraiment nouvelles et poétiques.

Le chef-d'œuvre de M. de Vigny dans un autre genre, dans le poème tragique, est, comme nous l'avons dit, *Dolorida*. Cette jeune Espagnole, belle, voluptueuse, cruelle, et dévote, comme telles qu'a si souvent et toujours si bien peintes M. Mérimée, empoisonne son jeune époux, qu'elle sait infidèle. C'est un tableau touchant, passionné ; le poète narre et dialogue en vers avec une souplesse admirable. Un peu trop d'amour de la périphrase égare, mais rarement, sa plume. Dans ces vers, par exemple :

> Dolorida n'a plus que ce voue incertain,
> Le premier que revêt le pudique matin,
> Et le dernier rempart que dans la nuit folâtre
> L'amour ose enlever d'une main idolâtre,

on peut trouver le détour un peu longg pour dire *une chemise*. Racine lui-même (dans *Britannicus*) avait été plus court.

La Neige est un joli conte dans le genre à demi-fin, à demi-naïf, dont a usé et peut-être un peu abusé M. Émile Des champs :

> Et d'une voix très douce il dit : Bénissez-les

semble le type du vers que l'on trouve à tous pas dans les belles romances de Rodrigue.

Le Cor n'est pas seulement une scène de bataille supérieurement décrite, et un site des Pyrénées peint avec la touche de Michalon : c'est encore un effet musical des plus frappants et des plus mélancoliques. Il sera désormais impossible à qui aura lu cette pièce d'entendre le soir le son prolongé du cor répété de colline en colline, et glissant de feuille en feuille, sans se rappeler Roncevaux, les Maures, le dernier soupir de Rolland, et sans redire ce vers, qui fait comme un triste écho dans le poème :

> Dieu ! que le son du cor est triste au fond des bois !

À ces pièces déjà connues M. de Vigny en a joint deux nouvelles, *Madame de Soubise* et *la Frégate la Sérieuse*. La première est un épisode fort simple de la Saint-Barthélemy, dont nous ne sentons pas bien l'intérêt. Le style en est bizarrement vieilli, et offre un singulier mélange de mots de toutes les époques :

> Arquebusiers, chargez ma coulevrine.

Arquebusiers et *coulevrine* sont des mots qui n'ont entre eux aucun rapport. Les coulevrines sont des canons plus longs que ceux dont on se sert aujourd'hui. Il n'est pas naturel de penser que l'hôtel de Soubise fût défendu comme la Bastille.

> Courrez varlets, échansons, écuyers,
> Suisses, piqueurs, page, arbalétriers.

On a déjà remarqué, je crois, qu'il n'y avait plus de varlets depuis longtemps. Et pourquoi ce page au singulier ? Malheureusement, dans cette pièce, les taches, qui sont nombreuses, ne sont pas rachetées par d'assez grandes beautés.

Il n'en est pas ainsi de *la Frégate la Sérieuse*. Cette pièce, comme la précédente, prête beaucoup à la critique de mots par l'impropriété souvent choquante d'un langage faussement technique. Mais, toutes critiques faites, elle sera lue et relue avec le plus vif plaisir ; l'inspiration du poète est dans chaque strophe, et la touche du peintre dans chaque tableau. Nous avons entendu des marins entrer dans une furieuse colère contre l'auteur pour la manière dont il défigure leur belle langue en croyant la parler. Nous avons d'abord ri de leurs critiques, puis nous avons fini par être ébranlé. Au fait, si l'école nouvelle a raison de substituer le mot juste et propre au mot noble et vague de l'ancienne, au moins faut-il que ce soit vraiment le mot propre, et non le mot à côté :

> Qu'elle était belle ma frégate
> Lorsqu'elle voguait sous le vent !

Qu'est-ce que *voguer sous le vent* ? On est *sous le vent* d'un autre navire ; ce qui exprime toujours un rapport, une position, et le plus souvent un désavantage. On *serre le vent* ; on est *près du vent*. Un poète classique eût dit peut-être :

> Lorsqu'elle voguait sur les flots.

Cela eût été sans contredit très plat et très vague. Vous voulez être plus précis, plus exact, vous avez raison ; mais prenez garde : de tous les genres de faussetés, le *technique faux* serait le pire.

> Sa quille mince, longue et plate,
> Portait deux bandes d'écarlatte
> Sur vingt-quatre canons cachés.

Cela n'est pas clair.

> Dix fois plus vite qu'un pirate,
> En cent jours du Havre à Surate
> Elle nous emporta souvent.

Une frégate ne fait pas *souvent* le trajet du Havre à Surate : c'est le fait d'un navire de commerce. De plus, ni le port du Havre, ni, je crois, celui de Surate, ne reçoivent de vaisseaux de ce rang. Nous pourrions continuer, et noter encore plus d'une erreur ; mais il nous arriverait de trouver à côté de ces peccadilles des beautés telles, que le remords nous prendrait. Quand une fois le drame commence, le langage du capitaine devient si passionné, et nous sympathisons si bien avec cet amour que le commandant porte à son navire, que l'émotion couvre tout. Quand on arrive à cette dernière strophe :

Hélas! deux mousses d'Angleterre
Me sauvèrent alors, dit-on;
Et me voici sur un ponton : –
J'aimerais presque autant la terre !

on n'a plus la force de faire remarquer que peut-être aucun capitaine de frégate prisonnier ne mit le pied sur un ponton. On aime bien mieux s'abandonner au charme des vers qui suivent :

Cependant je respire ici
L'odeur de la vague et des brises.
Vous êtes marins, Dieu merci !
Nous parlons de combats, de prises ;
Nous minons, et nous prenons l'air
Qui vient aux sabords de la mer.
Votre voix m'anime et me flatte ;
Aussi je vous dirai souvent :
– Qu'elle était belle ma frégate,
Lorsqu'elle voguait sous le vent !

M. de Vigny est à la veille de faire représenter à la Comédie-Française une traduction fidèle et presque littérale de l'*Othello* de Shakspeare. Sans rien préjuger sur l'effet scénique, il nous semble qu'aucun écrivain de nos jours ne possède à un plus haut degré la force et la souplesse du style nécessaires pour lutter contre un si redoutable modèle.

C[harles] M[agnin]

REVUE DE PARIS, T. VIII, 1ʳᵉ LIV., 1ᵉʳ NOVEMBRE 1829

Le More de Venise de Shakespeare,
et la traduction de M. Alfred de Vigny
(Représenté sur le Théâtre-Français, le 24 octobre 1829)

J'essaie d'oublier le Théâtre-Français, les clameurs des deux écoles et cette fureur des partis, qui envahit le domaine de l'art. Deux siècles franchis par la pensée m'ont reporté à la première représentation du *More de Venise*, tel que Shakespeare l'a conçu. C'était en 1612, deux ans après que Ravaillac frappa Henri IV. Dans un édifice circulaire et assez mesquin de la banlieue de Londres, théâtre où l'on se rendait en bateau, se trouvent une trentaine de jeunes seigneurs en fraise, en pourpoint taillardé, la dague au côté, étendus sur des coussins, autour de la scène. Des lampes fumeuses éclairent la salle, et séparent le proscénium sans rideau, de la foule vulgaire, assise sur des bancs de cabaret « mangeant du saucisson (dit un satirique[3] du temps), buvant de l'*ale* et du *sack* » ; mousses, matelots, aldermen, bourgeois avec leurs moitiés se croyant encore à la taverne, pris de querelle et de vin, et si j'en crois l'autorité irrécusable que je viens de citer, « se jetant sans cérémonie les débris de leur repas à la tête ». Le même auteur nous donne des documents fort clairs sur la conduite des *fashionables* du théâtre. Narguant et parodiant les façons bourgeoises du parterre, « se balançant sur la hanche, sifflant un air burlesque, battant la caisse sur le plancher, interpellant l'auditoire, qui ne partageait pas l'honneur des coussins de la scène » : l'insolence de leurs airs fatiguait la patience des bourgeois. Alors noix et noisettes de voler ; quelque matelot revenu des Indes, sur les vaisseaux de Forbisher, prenait fait et cause pour la canaille ; gros mots, injures ; bataille fatale aux *doublet-hoses* et aux *farthingales*[4] des *gentlemen*. C'était là le bon ton ; c'étaient les intermèdes de la comédie. Telle était la vénérable réunion qui venait remplir pour un ou deux pence, le petit O de bois, du Globe

---

3   Le pamphlet curieux, d'où ces détails sont tirés et où Shakespeare est traité fort lestement, est d'une rareté extrême. M. *Nathan Drake*, dans son ouvrage sur l'*Époque de Shakespeare* en a cité de nombreux passages.

4   Vêtements du temps.

(*The little wooden O*), comme dit Shakespeare[5], et écouter les comédies, les tragédies piteuses (*pitiful tragedies*) et les histoires (*histories*), que représentaient les serviteurs de Sa Majesté, MM. *Burbage, Shakespeare, Hemynge* et *Cundell.*

Mais voyons un peu la pièce. Ce n'est qu'un récit coupé par scènes irrégulières : point d'intrigue ; de nœud, pas l'apparence ; rien d'imprévu, rien d'inattendu ; nulle adresse dans la disposition mécanique de ces ressorts. Voilà des caractères qui suivent la route tracée par la pente même de leur nature. Ils avancent : leur choc, leurs mouvements, leur expansion font frémir. Ils suivent la loi de leur vocation et arrivent ainsi à un dénouement de sang et de larmes. Ce n'est pas une pièce ; c'est la vie humaine. Je ne reconnais là ni Eschyle, ce poète du mythe païen ; ni Calderon, qui ouvre le ciel au repentir, et l'entrouvre même au crime qui s'abaisse devant la croix. Je n'y vois rien de dramatique, si ce n'est l'*Homme* ; l'homme tout entier, avec cette *fatalité* de son caractère, plus puissante que le fatalisme ancien : dupe de ses vertus comme de ses vices, changeant et cependant toujours le même ; capricieux, ondoyant, fragile, ivre du bonheur fugitif de ses passions ; si crédule, si mauvais, si noble, si bas ; et traînant, au milieu de l'infinie variété d'évènements que le hasard emploie pour le ballotter, le joug et l'ineffaçable empreinte de l'individualité qui le caractérise : spectacle d'ironie et de mélancolie, dont les démons doivent rire et les anges pleurer. Dans *Othello*, surtout, Shakespeare s'est complu à déployer cette impartialité qui désespère : c'est l'œuvre de sa maturité[6].

Qu'une jeune fille, noble, brillante de beauté, se laisse séduire par un More d'un âge avancé, c'est une exception bizarre et un choix d'assez mauvais goût. Mais ce More, c'est l'appui de Venise, le fils des rois, la terreur du musulman ; il est généreux, et son sang bouillonne encore ; la jeune et faible enfant vit solitaire sous le toit d'un patricien tyrannique ; elle ignore le monde, et son caractère c'est la faiblesse, le dévouement et la candeur. Vous étonnez-vous que l'homme de l'Orient l'ait séduite, comme dit Shakespeare, par le *sortilège de sa gloire* ?

Non, vous la comprenez, vous vous associez à elle ; vous aimez ce penchant noble de sa faiblesse. Tous les ressorts que Shakespeare fait

---

5   Prologue de la seconde partie d'*Henri IV.*
6   Shakespeare avait quarante-huit ans alors. Il n'a écrit après *Othello*, qu'une pièce-féerie, et une comédie d'intrigue.

jouer, se trouvent dans l'âme humaine, c'est là tout son art ; quant aux ruses de la scène, aux préparations scéniques, aux combinaisons d'adresse dramatique, il est plus ignorant, nous devons le dire, que le vaudevilliste le moins exercé de notre époque. Il puise tous les éléments de son génie dans la profonde et triste connaissance de l'homme et des choses : il domine par la pensée le vide de toutes nos affections, le néant de nos agitations, et finit par planer sur les ruines fumantes des passions humaines, qu'il n'a réunies, animées et ornées que pour les briser.

En lui réside et règne le vieux génie du Nord, qui s'éloigne, sinon de tous nos souvenirs, au moins de toute notre vie actuelle. Écoutez cet idiome indépendant ; hardi comme la causerie de Montaigne, éloquent comme Henri IV un jour de bataille, plein des tournures vives et comiques de Rabelais, mêlant aux témérités dithyrambiques de d'Aubigné la douceur des longues phrases d'Amyot ; langage unique par son universalité, tendre comme un sonnet de Pétrarque, véhément et prompt comme une allocution de Bonaparte. Vous y trouvez de tout, accents lyriques, populaires, tragiques, familiers ; mots de douleur et de rage qui s'échappent des entrailles de la victime, discours nobles et demi-phrases interrompues ; enfin les notes variées d'une harmonie savante, immense, qui, parcourant toutes les nuances du sentiment, les fond, les oppose, les fait contraster avec une merveilleuse magie et une liberté sans bornes. Ces vers de toute mesure, rimes et non rimes, qui s'élancent ou s'arrêtent ; cette infinie variété de tons, destinée à reproduire toutes les diversités de la destinée humaine ; cet *iambe* anglais, marqué d'un accent si prononcé, ne s'accordent pas plus avec notre alexandrin solennel (que vous rendriez barbare si vous vouliez le briser pour l'assouplir), que la pensée même sur laquelle repose le drame de Shakespeare, n'a d'affinité avec le religieux intérêt des tragédies grecques, ou l'intérêt passionné des pièces de Racine.

S'il arrive que, pressé par ce besoin de nouveauté qui tourmente les sociétés et les littératures vieillies, vous veuillez transporter, en 1829, sur la scène française, le drame représenté il y a deux cent dix-huit années dans *le petit rond de bois* du Globe, les obstacles que je viens d'indiquer s'accumulent ; vous trouvez deux mondes dont l'horizon ne veut point se confondre. Les éléments les plus matériels diffèrent. Vous n'avez à disposer que d'un langage diamétralement opposé à celui de Shakespeare. Essayez, si vous le pouvez, de ployer à cette variété de tons l'idiome de

Racine, si admirable, si noble, si sévère, dont la pureté étudiée s'est appauvrie par son dédain, et refroidie par sa fierté : langage de cour et de palais, qu'en vain chercherez-vous à ramener violemment vers l'imitation du style brusque de Régnier; vous aurez détruit une forme belle en elle-même, pour n'atteindre qu'une forme bizarre, sans harmonie avec les sentiments que vous désirez exciter. Le génie du temps, le génie du peuple ne se reconnaîtront plus. Serez-vous fidèle au vieil auteur que vous traduisez ? le public cessera de vous comprendre. Vous serez placé entre le ridicule et le mensonge. Cette naïveté énergique deviendra grossièreté; cette éloquente poésie, emphase. Tant de nuances délicates, dont se compose l'émotion poétique, seront ou effacées, ou travesties, ou faussées. Il n'y aura plus de Shakespeare dans votre drame; toute sa vie, toute son âme auront disparu. Du moins ne l'entreverra-t-on que de distance à distance, d'une manière confuse et incomplète, comme dans ces tapisseries vues à l'envers, on aperçoit quelques traces brillantes, mais à peine reconnaissables, des dessins et du coloris qui les embellissent.

On ne peut affirmer toutefois l'impossibilité complète d'aucune œuvre du talent. En brisant la forme antique où Shakespeare a su jeter sa pensée, un génie égal au sien pourrait sans doute créer une forme neuve, équivalente, aussi belle, aussi variée, mais en harmonie avec notre idiome et notre temps, et où la pensée de Shakespeare se jouât dans sa liberté, dans sa souplesse et sa puissance. Alors, il ne resterait plus d'obstacles que la différence fondamentale des génies nationaux et les habitudes de mœurs. Mais quelle difficile tâche ! Voltaire l'a jugée impraticable. En mettant l'auteur anglais à profit, il a su éluder l'obstacle avec esprit et adresse.

Dans son *Othello*, Ducis, poète d'ailleurs sensible et plein de verve, mais d'une invention dramatique étonnamment malheureuse, n'a réussi qu'à faire de ce dernier un fou furieux; de Desdemone une sotte qui déclame et raisonne; d'Iago un niais féroce, tel que le mélodrame de 1800 le comportait. Excepté quelques fragments de Shakespeare, imités par madame Tastu, avec une exactitude admirable et un profond sentiment de la pensée du poète, je ne connais pas une traduction de cet écrivain qui ne soit une parodie.

Fidèle et infidèle à la fois à son modèle, tantôt exagérant la familiarité du dialogue, tantôt supprimant ces traits vifs et spirituels qui suppléent au défaut d'action; plus brillant tour à tour ou plus trivial que Shakespeare ; enchérissant et sur le coloris de ses tableaux et sur la naïveté de ses élans, M. Alfred de Vigny (et cette sévérité n'étonnera pas son talent), n'a point traduit Shakespeare. Souvent il a respecté la forme, et la profondeur du sens lui a échappé ; souvent il a cru embellir son auteur, et cette parure, en le chargeant de paillettes modernes, a défiguré cette antique physionomie : c'était le chef-d'œuvre de l'adresse, et disons-le, du génie, que M. de Vigny prenait l'engagement d'accomplir. Il s'agissait de vaincre la distance des lieux, des époques, des idées, du langage ; à peu près comme cette jeune fille qui, pour le succès de son amour, ne demandait à Dieu que deux choses, d'anéantir l'espace et le temps. Dans plusieurs morceaux d'éclat et de verve, dans l'adieu du More aux plaisirs et aux dangers de la guerre, dans la grande scène d'Iago, dans ses monologues, nous avons pu dire : Voilà Shakespeare : M. de Vigny l'avait compris ; sa pensée s'était laissé pénétrer par la pensée de l'auteur anglais. Mais dans les scènes comiques ou naïves, si écourtées ; dans les vifs et pressants dialogues ; dans tout le reste enfin, ce n'était plus Shakespeare. La froideur systématique du jeu de Joanny et le peu de mouvement imprimé par les acteurs à des rôles inaccoutumés, complétaient ce travestissement ; et quoique la contexture extérieure du drame fût conservée, il fallait dire du pauvre William ce que Iago dit de lui-même : *C'est lui, ce n'est pas lui.*

Cependant, ce génie de l'ancien temps n'avait pas perdu tout pouvoir : on a reconnu sa force. Il a triomphé ; ce qui, certes, n'était pas facile, quand on est né du temps de Duplessis-Mornay, en Angleterre ; quand on traverse deux siècles, pour surprendre des hommes si éloignés de ces mœurs, de ces idées du moyen âge, dont Shakespeare fut la dernière et la plus profonde expression : quand enfin on revient s'exposer à l'enthousiasme et à la colère aveugles de deux partis littéraires en présence. Dans le troisième acte, le traducteur a été souvent heureux et habile ; c'est là que, par des transitions rapides, mais graduées, le noble cœur d'Othello devient le jouet du bourreau qui le torture ; on le voit palpiter sous cette étreinte du perfide : dans le quatrième et le cinquième actes, ces combats terribles entre l'amour qui expire et la vengeance qui va s'assouvir, entre le remords impuissant et la fureur effrénée, entre la haine africaine et le pouvoir d'une beauté si aimée, ont arraché des cris de terreur et d'admiration, et ébranlé violemment le public en dépit de lui-même. Mademoiselle Mars, qui, dans la dernière scène, a été sublime, et M. Perrier, qui a conçu son rôle avec un art profond, ont aidé à ce succès, que les représentations suivantes ont affermi.

Une facilité et un élan poétiques remarquables se font sentir dans cet essai si incomplet de M. de Vigny. Souvent dans les passages naïfs, un défaut, non de talent, mais d'adresse et d'exactitude, a mécontenté le parterre. On nous permettra d'en donner des exemples, dûssent-ils sembler minutieux ; Othello demande à Desdemone :

Have you pray'd to night ?

Rien de plus simple que de traduire, en brisant le vers alexandrin,

Ce soir,
Avez-vous prié Dieu ?

Ce langage franc n'eût produit que l'émotion de terreur voulue par Shakespeare. Le traducteur, en employant l'expression domestique et commune, *faire sa prière*, a donné, aux yeux du parterre, une couleur comique à celle question :

Avez-vous fait ce soir votre prière ?

Si notre observation semble subtile, elle est juste. Desdemone, avant de se coucher, dit à Émilie :

Give me my nightly wearing, and adieu !

« Donne-moi mon vêtement de nuit, et adieu ! » Pourquoi changer cette phrase, que certes le public eût laissé passer, et mettre dans la bouche de la suivante un vers auquel Shakespeare n'a pas pensé :

Faut-il pour cette nuit préparer une robe ?

On a ri ; c'est bien la faute de M. de Vigny. Quand le More dit à Desdemone, en parlant du mouchoir :

Keep il carefully
And make it a darling, precious as your eye.

« Gardez-le avec soin ; qu'il vous soit cher comme la prunelle de vos yeux. » Pourquoi enchérir sur cette expression familière en l'alliant à une expression emphatique ?

Qu'il vous soit précieux
Comme l'est la prunelle ardente de vos yeux.

Nous détestons les critiques de mots ; mais il s'agit d'une traduction, d'un homme de génie imité par un homme de talent, et des infidélités réelles qu'il a commises malgré son talent même : ce détail est indispensable pour expliquer le reproche d'inexactitude, que nous sommes forcés d'adresser à M. de Vigny, dans la plupart des passages qui ont fait murmurer le public.

La scène la plus difficile à imiter était celle où la jeune Desdemone, causant avec sa suivante, comme plus d'une maîtresse avec sa femme de chambre, dévoile toute l'ingénuité de son âme. C'est une scène admirable de conception. Elle redouble l'intérêt qui s'accumule sur cette tendre et faible victime, en faisant ressortir l'extrême naïveté de son âme fidèle et toute livrée à l'amour. Shakespeare, ayant affaire à un siècle qui n'avait ni le souvenir de la régence, ni celui des petits-soupers et du Parc-aux-cerfs ; à un siècle beaucoup moins instruit en fait de corruption que le nôtre, esquissa largement cette scène, où la suivante se montre facile, sans principes, sans méchanceté, un peu intéressée, comme beaucoup de ses pareilles, et Desdemone innocente, jusqu'à ignorer que l'on puisse trahir un époux. — « Y a-t-il, demande-t-elle, des femmes au monde qui puissent tromper ainsi ? » (*in so gross a manner*) — La réponse d'Émilie : « *There are some, no doubt* ; » (« il y en a, cela est sûr »), est fort sérieuse : mais traduisez en vers tragiques et sans aucune adresse un tel dialogue ; soumettez-le à un peuple dont le calembour et l'épigramme ont chaque soir continué l'éducation ; à un peuple tout imprégné des saillies du vaudeville et des quolibets qui remontent au temps de Marot et de Coquillard ; l'effet de cette innocence d'un autre âge sur une époque si diverse, produira une impression ridicule. Là, selon nous, il fallait s'emparer du sens intime de la scène, et employer, pour pénétrer le public moderne de la conviction de l'innocence de la jeune fille, les mêmes ressources que Shakespeare eût employées de notre temps ; enfin répondre à son intention, la saisir dans toute sa profondeur, et n'être infidèle à la lettre que pour rester fidèle à l'esprit.

Ère d'indépendance littéraire d'où le servage du romantique soit banni, et le vasselage du classicisme repoussé ; vous approchez, je crois. La raison du public mûrit lentement. Il vient d'apprendre que ce n'est ni Shakespeare ni Corneille que réclament ses besoins. Dans quelques dix années, peut-être, il pourra écouter Shakespeare et Caldéron sans tumulte, couronner quelque homme de génie que le sein de l'avenir ou l'obscurité d'un talent inconnu nous cache encore, et qui devinera enfin, libre de toutes les entraves des écoles, les besoins littéraires et le génie dramatique du siècle actuel.

[Philarète Chasles]

LE GLOBE, LUNDI 9 MAI 1831

BEAUX-ARTS.

PARIS, élévation ; par M. le comte Alfred de Vigny.

Au milieu de cette multitude de cités bâties sur la surface du globe par toutes les civilisations qui se sont succédées à travers les âges, il est beau de contempler, par la pensée, CELLES qui s'élèvent immenses, majestueuses, et survivent longtemps encore quand toutes les autres ne sont plus.

Sur la terre où l'homme qui porte en lui les destinées nouvelles de l'espèce humaine a dressé sa tente, creusé le fossé, lancé sa framée, planté son épée ou sa pacifique bannière ; là se trouve la cité du sein de laquelle doit sortir la civilisation nouvelle, la ville souveraine chargée d'imprimer le mouvement progressif au monde, ce sera *Jérusalem, Rome* ou *Paris* !

Elles dirigent et commandent ; elles donnent à volonté la paix ou la guerre ; elles préparent, elles moulent, elles façonnent, elles forgent tous les éléments qui constituent la société entière ; elles sont dans la hiérarchie des cités ce que le chef suprême est dans la hiérarchie des fonctions sociales, l'unité, le type des besoins de tous les hommes ; elles sont enfin le *pivot*, l'*axe* qui communique un mouvement harmonieux à la terre ; elles sont le temple trois fois saint devant lequel les peuples se prosternent à genoux. Tant que le vrai *Dieu* est au milieu d'elles, tant qu'elles marchent à la tête de l'humanité, et la conduisent dans les voies du progrès, vous les voyez fortes et florissantes, embellies de tout le luxe des beaux-arts, riches des produits de l'industrie apportés des pays les plus lointains, habitées par une population immense, animée, héroïque ; mais si *Dieu* s'est retiré de ces grandes villes, si elles ne savent plus aimer ni comprendre les désirs, les besoins progressifs de la société ; si elles ne renferment plus les germes de l'avenir, oh ! alors, reines déchues, elles deviennent faibles, tremblantes, et la proie de vainqueurs impitoyables qui les brûlent, les saccagent, et traînent leurs habitants en exil, derrière leur char de triomphe, ou qui les chassent par toute la terre ; et leurs ruines, dispersées dans le désert, ne servent plus qu'à faire gagner des indulgences à des pèlerins pieux et souffrants, ou à fixer la curiosité de quelque antiquaire qui viendra fouiller les débris de leur splendeur passée.

Ou bien, comme la Rome des Césars et des souverains pontifes, après avoir été ensanglantées par d'horribles guerres civiles, par le despotisme de tyrans atroces ou imbéciles, ravagées par des barbares, replacées à la tête du monde par une religion nouvelle, puis déchues encore, ces vastes cités deviennent des solitudes ou ne sont plus habitées que par une population énervée ou par quelques oisifs voyageurs, pèlerins sans foi qui viennent demander à son soleil la guérison de l'ennui, du spleen.

Jérusalem et Rome sont les deux villes souveraines qui résument tout le passé : Jérusalem, par son temple, résume le monde oriental ; Rome, par le Capitole et le Vatican, le monde païen et catholique. Plus rien n'existe de leur puissance, *leur orgueil a été abaissé dans la poussière* ; elles n'ont plus marché dans la voie des peuples, elles ont été détrônées, et maintenant elles ne sont plus que le tombeau des civilisations inertes qu'elles représentaient.

Aujourd'hui, par Charlemagne, Louis XIV et Napoléon, Paris est à son tour devenu la cité souveraine du monde, la directrice du mouvement progressif des temps modernes. Tout le passé catholique et féodal est enfoui dans ses vieilles cathédrales, dans ses vieux palais presque tous rebâtis à neuf ; de nouvelles, de grandes destinées se préparent, fermentent dans son sein. Que sont-elles ? Que nous présagent ce travail continuel, général ; cette agitation qui remue tout, renverse, broie, tourne tous les éléments encombrés dans cet immense atelier de civilisation ? Voyons... c'est M. Alfred de Vigny qui regarde.

Vous souvenez-vous de cette belle page de Volney ; il se trouve au milieu des ruines de Palmyre, contemple à l'éclat mourant du jour, par un ciel pur, par un air calme et serein, dans le vaste silence qui règne sur le désert, ces débris épais, immenses, de ce qui fut aussi une ville opulente, le siège d'un empire puissant. En face de ces marbres amoncelés, de ces colonnes abattues, de ces galeries écroulées, une indicible tristesse s'empare de son âme ; il se trouble, se demande comment s'est éclipsée tant de gloire ! et songeant à sa patrie, « *Qui sait*, dit-il, si tel ne sera pas un jour l'abandon de nos propres contrées ? *Qui sait* si sur les rives de la *Seine* et de la *Tamise* un voyageur comme moi ne s'asseoira pas un jour sur de muettes ruines et ne pleurera pas, solitaire, sur la cendre des peuples ?... Ah ! malheur à l'homme ! une aveugle *fatalité* se joue de sa destinée ! » Eh bien ! au milieu de Paris vivant, de Paris qui porte dans son sein les destinées de l'humanité, M. Alfred de Vigny, comme le philosophe matérialiste, pousse un cri de doute et de désespoir, et dit aussi : « *Je ne sais, de toutes choses la vie... Pour longtemps le monde est dans la nuit !* »

Un soir, le poète a contemplé la grande ville tout entière, ses dômes, ses palais, ses tours, ses jardins, ses remparts, cette foule d'hommes qui courent, parlent, chantent, crient, pleurent, naissent et meurent ; le travail de nette civilisation qui ramasse là toutes forces, et *brûle, fond, coule, tord* ; et le poète s'écrie : « Salut ! Paris, *pivot* de la France ! Paris, *axe* du monde ! Paris, la ville éternelle ! va, tu t'épuises en efforts stériles, *pour longtemps encore le monde est dans la nuit !* »

Ô blasphème arraché par la souffrance d'une âme en peine qui a perdu la foi !

Combien il est attristant de voir autour de nous tous ces cœurs de poètes abattus, désolés, égarés dans le doute, pressés cependant de tout le poids des misères du siècle, qu'ils comprennent et sentent amèrement ! ils exhalent leurs douleurs, l'un par des *harmonies*, vagues soupirs vers un monde mystique, regrets mélancoliques d'un passé religieux, adoration mystérieuse de la nature, culte sacré et profane tout à la fois de la femme chrétienne, de la femme pure et vierge ! L'autre, à peine échappé du suicide, d'un abîme de désespoir où il avait nié Dieu et l'humanité, recommence à vivre, à aimer ; redemande la foi, un Dieu, à tout ce qui l'entoure, aux grands hommes du passé, et finit par espérer une ère nouvelle de régénération, en s'écriant :

Ce siècle est, dites-vous, impie. – Il ne l'est pas ;
Il est malade, hélas ! il soupire, il espère ;
Il sort de servitude, implorant d'autres cieux ;
Vers les lieux inconnus que lui marqua son père,
Il s'avance à pas lents, et comme un fils pieux,
Il garde du passé la mémoire fidèle
Et l'emporte au désert. – Dès qu'on lui montrera
Un temple où poser l'arche, une enceinte nouvelle,
Tombant la face en terre, il se prosternera !

Oui, le poète a raison : les hommes attendent l'arche sainte pour se prosterner ; mais hélas ! l'arche est brillante au milieu d'eux et ils ne la voient pas ! je ne sais quel aveuglement les fait passer devant elle et dire ironiquement : « Ce n'est pas toi que j'attends, tu es trop belle ! » Voilà M. Alfred de Vigny qui, contemplant au sein de Paris tout le mouvement de cette civilisation en travail d'un monde nouveau, aperçoit par-dessus les autres, notre temple, et passe dédaigneusement aussi en niant notre Dieu ! Pauvre poète malade ! tu cherches ardemment le remède et tu le repousses quand il se présente à tes lèvres altérées ! Mais Dieu ! quel signe éclatant voulez-vous donc de la vérité de notre mission !

Vous gémissez de n'avoir plus de croyances ? Nous vous apportons la loi dans un avenir révélé par tous les progrès accomplis déjà par l'humanité. – Vous sympathisez avec les souffrances des classes les plus nombreuses et les plus pauvres ? Nous venons fonder une organisation sociale dans laquelle vous ne verrez plus des classes entières condamnées, par le hasard de la naissance, à la dégradation, à la misère et à l'ignorance.

Vous avez pressenti une association entre tous les peuples, dont *Paris* serait le *centre* ? Nous vous apportons *la loi religieuse* qui doit être le *lien* de cette union ; nous vous montrons Paris, la ville initiatrice de tout le genre humain, *cité souveraine de l'association universelle* !

Seriez-vous peut-être de ceux qui applaudissent notre politique et qui nient notre caractère religieux et nous demandent à quoi bon une religion ? Pourquoi ? parce que vous avez besoin de conviction, besoin d'amour, et que la science, la philosophie, la raison, toutes seules, n'enfantent que doute et sécheresse.

Quand religion arriva-t-elle plus à propos ? Quand fut-elle plus en rapport avec les besoins, les désirs, les sympathies des hommes auxquels

elle s'annonce ? Et cependant vous dites : « Je ne vous connais pas ! »
Oh ! comme vous me rappelez le prophète Isaïe :

« J'entendis le Seigneur qui dit : Qui enverrai-je ? et qui ira porter
nos paroles ? – Me voici, dis-je alors ; envoyez-moi.

Le Seigneur me dit : Allez, et dites à ce peuple : "Écoutez ce que je
vous dis, et ne le comprenez pas : voyez ce que je vous fais voir, et ne
le discernez point.

Aveuglez le cœur de ce peuple, rendez ses oreilles sourdes, et fermez-
lui les yeux, de peur que ses yeux ne voient, que ses oreilles n'entendent,
que son cœur ne comprenne, et qu'il ne se convertisse à moi, et que je
ne le guérisse."

– Eh seigneur ! lui dis-je, jusqu'à quand durera votre colère ? – Jusqu'à
ce que, dit-il, les villes soient désolées et sans citoyens, les maisons sans
habitants, et que la terre demeure déserte. »

Eh bien ! poètes, n'êtes-vous pas comme ce peuple ? Ne voyez-vous
pas autour de vous assez de ruines, assez de larmes, assez de misères
dévorantes ? N'en avez-vous pas assez pour vous *convertir* et vous *guérir* ?
Attendez-vous ainsi que les villes soient *désolées*, la terre *déserte*, ensan-
glantée ? Ô poètes ! les hommes n'entendront-ils toujours de vous que
des chants de doute et de désespoir ?

Eh quoi ! *pour longtemps encore* chez les uns cette langueur, cette
tristesse, cette satiété de la vie ; chez les autres le travail accablant, la
pauvreté, la faim, la faim qui tue, et jamais l'espérance et le bonheur,
jamais cette existence pleine, satisfaite, ravissante, qui désire encore et
toujours, mais sans douleurs !... Jamais ? Ô poètes !... ne le dites plus !

C'est surtout à M. Alfred de Vigny que ce langage s'adresse. – De
toute l'école romantique c'est celui qui est doué de la nature la plus
religieuse ; le mysticisme chrétien dont il s'est inspiré dans ses premiers
poèmes ne lui suffit déjà plus ; dans cette *élévation* on le sent triste,
affligé, et le scepticisme qu'il affecte, on le voit bien, lui pèse, lui fait
mal. Nous aussi, nous avons douté, pleuré sur notre loi perdue, nos
espérances déçues ; sur nous-mêmes, sur l'humanité délaissée ; comme
lui nous avions méconnu la religion nouvelle, mais bientôt notre foi
s'est ravivée forte et brûlante, nous avons cru à un avenir de bonheur et
pour nous-même et pour l'humanité, la joie est rentrée dans nos âmes,
et, bien loin de chanter pour douter, blasphémer, maudire, nous avons
béni, nous avons glorifié, nous avons consolé.

REVUE DE PARIS, T. XXVIII, 2ᵉ LIV., 10 JUILLET 1831

Théâtre de l'Odéon
La Maréchale d'Ancre,
drame en cinq actes, par M. Alfred de Vigny

Après bien des essais, bien des paroles, bien des promesses, le drame historique est encore à faire en France. Il faut ajouter cependant que la pièce de M. de Vigny est un pas vers la solution du problème car si la vérité de l'histoire a dû faire place dans son œuvre aux combinaisons romanesques que lui a enfantées sa fantaisie de poète, au moins a-t-il peint et résumé avec bonheur les mœurs de l'époque. Or les mœurs et les faits, voilà l'histoire. Le drame historique est donc là pour moitié.

Ceci, du reste, ne soit pas dit en forme de reproches ; car s'il est une indépendance que nous soyons disposés à défendre, c'est celle du poète dramatique. À part le droit de faire dormir son auditoire, nous sommes prêts à lui accorder toutes les libertés, toutes les licences, à lui faire aussi bon marché que possible de notre sympathie ; mais en voyant dans *Henri III*, M. Alexandre Dumas, en voyant dans *la Maréchale d'Ancre*, M. Alfred de Vigny, s'éprendre d'une donnée historique, l'étudier avec un consciencieux amour, la formuler pour la scène puis cependant se croire obligés de la frelater de roman pour la mener à bien, nous craindrions que sur l'autorité de ces exemples il ne finît par s'établir comme précédent que les formes historiques prises dans leur grandiose sévérité sont impossibles à la scène, et c'est contre cette doctrine que nous croyons utile de protester.

Il y a une raison que l'on a souvent mise en avant dans cette question : cette raison, c'est le public ; le public, personnage léger et frivole, qui ne veut pas, dit-on, prêter attention aux graves développements de l'histoire faite au sérieux ; le public, qui aime mieux un conte où l'on rit, un conte où l'on pleure, que la plus belle page de la plus vivante chronique. Cette excuse, on nous permettra de le faire remarquer, n'est rien autre chose qu'un *on dit*, qu'un commérage dont la preuve est encore à faire, aucun essai dans les conditions absolues du drame historique n'ayant été encore essayé.

Soyons vrais cependant et avouons que jusqu'ici, dans ce drame hermaphrodite, où le roman venait en concours avec l'histoire, le public n'a guère porté d'intérêt qu'au roman, et que souvent les développements historiques ont paru le fatiguer ; mais il y a de cette différence bien des explications à donner. D'abord, cette nécessité où se trouvait le poète d'appeler l'intérêt romanesque à son aide indiquait peut-être suffisamment qu'il n'avait pas eu la main heureuse dans le choix de son sujet ; toute histoire, en effet, n'est pas dans les conditions de la scène, et quand on vient à bien y regarder, le drame, si on peut le dire, n'est pas toujours en quantité suffisante, même dans les données en apparence les plus complètement saisissantes. Et puis, voyez un peu comme vous procédez ! Le public est routinier, le public est enfant ; vous avez son éducation à faire ; et, à côté des formes nouvelles auxquelles vous voulez le dresser, vous introduisez l'ancienne forme, les vieilles habitudes dramatiques auxquelles il est fait dès longtemps, et vous ne voulez pas qu'il aille à ce qui lui est connu, qu'il se reprenne aux émotions auxquelles il a confiance, parce qu'il les a expérimentées ; qu'il préfère cet intérêt romanesque qui va droit au cœur sans passer par l'esprit, à cette nécromancie un peu laborieuse de l'historien qui, pour évoquer les siècles passés, a besoin que les assistants s'unissent dans une attention profonde à son grand œuvre et au travail de sa conjuration. Qu'on ne s'y trompe pas d'ailleurs, l'instinct de l'unité qui est la conséquence du moi humain et la condition de toute création, est à l'insu des masses au fond de tous leurs jugements ; une fois introduites dans un ordre d'idées, elles ne se révoltent contre aucune des conséquences qui s'en déduisent logiquement. Si dans une donnée, l'émotion doit arriver tard, elles attendent patiemment les développements qui doivent la préparer ; mais s'il leur faut à la fois suivre deux intérêts, sans compter que celui qui leur est le plus familier fera, comme nous le disions, du tort à l'autre, il arrivera que leur attention, leur sympathie, appelées en lieux différents, n'auront plus l'intensité, la patience nécessaire à l'intelligence du spectacle pour lequel elles auront été convoquées. Ceci est une manière de règle de proportion, un calcul mathématique dont l'exactitude ne saurait être disputée.

L'œuvre que nous analysons ici vient en aide à cette observation. Curieux scrutateurs des dispositions du public appelé à la juger, nous avons vu que chaque fois que l'histoire, l'histoire cependant peinte de

102 BULLETIN DE L'ASSOCIATION DES AMIS D'ALFRED DE VIGNY

vives couleurs et avec une belle et savante intuition du siècle, venait à demander audience, le public ne lui prêtait qu'une attention froide, et que tout son intérêt se recueillait pour la donnée romanesque qui marchait de front avec elle. Or comment cela a-t-il pu se faire ? Si je regarde bien, si je reprends l'histoire de la catastrophe de la maréchale d'Ancre, je ne puis m'empêcher de la trouver plus émouvante en sa naïveté que le roman passionné dont on l'a compliquée, et cependant c'est l'histoire qui fléchit, qui a tort ; c'est le roman qui enlève, qu'on applaudit, et qui fait le succès. C'est que l'histoire n'a point été attaquée franchement ; c'est que l'auteur n'a point eu foi en elle ; c'est qu'il a mis à côté d'elle une sœur bâtarde, aux allures de laquelle le public était déjà fait, avec laquelle il était déjà en connaissance, qui a attiré à elle tous les regards ; c'est qu'en un mot, dans le drame historique il s'est trouvé un drame de passion, et que, logiquement à ses habitudes d'émotion, le spectateur devait être tout préoccupé de celui-ci. Après cela, dans l'espèce, pour parler comme les avocats, il faut ajouter que le roman l'avait belle ; car rarement on l'a vu combiné avec un art aussi parfait, présenté dans un si bel arrangement. Assez dramatiques déjà pour aller à l'âme, sous quelques formes qu'elles lui eussent été jetées, les inventions du poète sont ici réalisées dans une forme si avenante, si convenable, si profondément sentie ; elles ont été si bien poussées au relief, si vivement colorées, qu'il n'y avait pas de prétention de succès qu'il ne pût fonder sur elles, pas de préoccupation qu'elles ne dussent exciter. Aussi, toutes réserves faites au profit du genre historique, qui ne nous paraît pas avoir [été] cette fois traité avec la religion jalouse qui doit un jour le créer, sommes-nous prêts à ranger l'œuvre de M. de Vigny à un rang distingué entre les plus belles conceptions du génie dramatique contemporain ; à constater le beau succès qu'elle a obtenu comme l'un des plus mérités qui aient été réalisés depuis longtemps : tout ce que promettaient son nom et ses antécédents a été tenu, d'une autre façon peut-être que nous ne nous y attendions à vue du titre mais d'une façon consciencieuse et éclatante, et de manière à constater hautement un poète dramatique de plus.

REVUE DE PARIS, T. XXXIX, 2ᵉ LIV., 10 JUIN 1832

Stello, un volume in-8°, par M. le comte A. de Vigny

Le *Cinq-Mars* de M. A. de Vigny a été longtemps le meilleur roman de la ci-devant jeune école, le diamant de la couronne romantique. Il ne faut pas s'étonner si la jeune école, qui compte aujourd'hui quelques cheveux gris à sa tête, a tant vanté ce chef-d'œuvre unique dans ses préfaces-manifestes. C'était d'ailleurs un essai heureux de roman historique, où il y avait beaucoup à louer, quoique dans un autre ordre de beautés que celles de *Notre-Dame de Paris*, dont le succès est venu enfin faire pâlir le succès de *Cinq-Mars*. Nous espérons que M. A. de Vigny ne se tiendra pas pour battu, et ne laissera pas du moins la palme au jeune vainqueur sans avoir tenté un nouvel effort dans cette lice, où il ne voudrait pas qu'il fût dit qu'il ne triompha un jour que faute de combattants. Nous l'attendons par conséquent à un second roman historique ; mais nous serions injustes si nous laissions passer *Stello* inaperçu, malgré notre regret de voir que M. A. de Vigny, au lieu de relever à son tour le gant de *Notre-Dame*, ait préféré lutter avec Sterne et Hoffmann, au risque de compromettre son talent dans le jeu d'un pastiche. *Stello* n'est guère autre chose qu'un triple ou quadruple récit interrompu par les réflexions et les digressions d'un ou deux personnages factices dont l'originalité d'emprunt s'amuse à distraire l'attention du lecteur, à peu près comme le paillasse, le Clown, ou le Gracioso des anciennes parades venait, au milieu d'une scène sérieuse, donner une chiquenaude sur le nez du père noble ou de la princesse. Stello est un malade qui a les vapeurs, les *diables bleus*, comme les Anglais les appellent. M. de Vigny croit avoir personnifié, dans cet hypocondriaque, le *sentiment* ou peut-être l'imagination. À côté du malade se présente le médecin, M. le docteur noir ou Noir, car l'épithète lui sert de nom propre. Ce docteur guérit ses malades en leur faisant des contes assez longs pour faire penser qu'il n'a guère de pratiques, et assez singuliers pour qu'on puisse s'étonner que M. A. de Vigny ait cru personnifier dans le docteur le *raisonnement*. En vérité, le raisonnement et le sentiment pourraient bien changer de nom dans ce livre sans qu'on y trouvât à redire ; mais le *Dada*, le *Hobby-Horse* de nos romanciers, est de faire croire qu'une pensée philosophique se cache au fond de leur œuvre la plus frivole, bien persuadés qu'ils sont que la Béatrice du Dante figurait quelque *mythe* inconnu, sinon la théologie, et la Jérusalem du Tasse la mystérieuse Sion des prophètes. Il y a donc une morale dans *Stello*, ce dont je ne me doutais guère ni vous non plus peut-être, avant que l'auteur nous l'eût dit à sa dernière page. Considérées comme cadre de contes, les consultations du docteur Noir vaudraient tout autre cadre sans ces digressions à la *Tristram Shandy*, qui vous impatientent le plus souvent. Bien qu'il y en ait certes de très ingénieuses, il y en a aussi d'un *maniérisme* outré, d'une sensiblerie, d'une afféterie ou d'une plaisanterie assez communes. J'avoue, du reste, avec bonne foi, que j'en dis autant de la moitié des digressions de Sterne et de ses commentaires subtils. Puis-je dire moins de l'imitation que du modèle ? Quant aux contes en eux-mêmes, je déclarerai avec la même impartialité que je ne connais rien de plus joli, de plus gracieux, de plus coquet, de plus mignard, etc., que l'histoire de Mlle de Fontanges. L'auteur s'est inspiré en poète des mémoires de Mme *du Barry* et du *maréchal de Richelieu*, où l'on trouve, à côté de récits assez ordinaires, quelques scènes de boudoir d'assez bon goût. Il est seulement bizarre de voir des poètes aristocratiques tels que MM. Ancelot et de Vigny aller surprendre ainsi leur Louis XV au Parc-aux-Cerfs avec aussi peu de cérémonie que M. le baron de Lamothe-Langon, ancien auditeur au conseil d'État sous l'Empire, ainsi qu'il se qualifie au frontispice de ses ouvrages avoués. N'importe ; que M. Ancelot nous refasse des madames du Barry au Vaudeville, et le docteur Noir des demoiselles de Fontanges dans ses consultations. Ce n'est pas à nous à régler leurs comptes avec la légitimité défunte.

Mais je n'ai pu lire avec le même plaisir ni les tribulations de Gilbert en France, ni les tribulations de Chatterton, le Gilbert anglais, en Angleterre. Peut-être le pastiche de la forme m'a-t-il gâté ces deux récits ; et ce sont peut-être aussi des perles fines, autrement dit des *larmes d'ange*, perdues dans une huître de Honfleur. Si on me prouve cela, je n'en voudrai que davantage à la forme. Cependant le pastiche n'a pu me gâter le récit des scènes de la Terreur qui terminent ce volume, et où André Chénier joue le principal rôle comme victime. Cette figure de poète y est simple et grande, agissant et parlant dans une atmosphère constamment *poétique* ; ou, si vous aimez mieux, le style de M. A. de Vigny est là comme une auréole autour d'une tête céleste, car j'aime aussi les comparaisons, moi. J'aime et j'admire enfin l'André Chénier de M. A. de Vigny ; j'aime toutes les autres victimes de ce drame, où la Révolution est jugée d'un point de vue anti-révolutionnaire. Or, comme le poète est maître de choisir son point de vue, j'espère qu'on ne lui fera pas un crime d'avoir rapetissé les sacrificateurs à côté des victimes, d'avoir fait grimacer les silhouettes de Robespierre, de Saint-Just et autres. Les géants de la Terreur ont leurs lauréats qui doivent se contenter d'exhausser le piédestal de leurs grands hommes, et permettre aux lauréats du parti contraire d'avoir leur culte et leurs demi-dieux. À nous, critiques de la galerie, d'applaudir aux uns et aux autres, sans autre opinion, sans autre intérêt que de défendre la cause de l'art. Honneur aux poètes lycantropes eux-mêmes, s'ils nous donnent un beau ROBESPIERRE, un beau COUTHON, un beau MARAT. Le champ de l'art est large : que la sainte guillotine y ait son petit coin comme l'autel du christianisme. On nous annonce un roman dont DANTON va être le héros, place à Danton et au romancier qui veut réhabiliter sa mémoire.

Une question délicate pourrait être réveillée au sujet de l'*André Chénier* de M. A. de Vigny. On a calomnié Marie-Joseph en l'appelant Caïn ; n'est-ce pas le calomnier encore que d'en faire un lâche ? Ce n'est pas là du moins une justification. Si, lorsque vous voyez votre frère menacé, vous tournez le dos au lieu de le défendre, le mot de fratricide n'excitera-t-il pas désormais un remords dans votre cœur ? Fratricide par lâcheté ! oh ! non, jamais ; plutôt cent fois l'affreuse énergie d'un Timoléon. Mais ceci n'est qu'un sentiment, et il s'agit d'une question d'histoire. À moins de documents inédits qu'il eût dû publier en note, le docteur Noir pouvait se contenter de mépriser Marie-Joseph pour ses vers classiques.

Malgré ses inégalités, malgré un caractère de canonnier qui ne vaut ni le Lafleur du *Voyage sentimental*, ni le caporal Trim, le roman de *Stello* aurait un plus grand succès s'il était plus constamment amusant. Le gros public des lecteurs ne tient pas toujours compte à un auteur de ses caprices d'imagination, de ses tours de force de style ; un intérêt soutenu a sauvé tant de romans mal écrits, qu'il est prouvé que le meilleur roman ne saurait se passer de cet élément essentiel.

E. [Amédée Pichot]

LE TEMPS, FEUILLETON DU 19 OCTOBRE
ET DU 20 NOVEMBRE 1832

Stello, ou les Diables bleus, par le comte Alfred de Vigny.
Un vol. in-8° chez Gosselin, rue Saint-Germain-des-Prés

La critique, celle du moins qui s'exprime par des organes imposants et dignes d'être entendus, a laissé passer *Stello* presque inaperçu ; elle y reviendra forcément quelque jour, alors que ramenée par le cri public sur son véritable terrain, elle ne voudra plus voir seulement dans l'ouvrage que la boutade passionnée et peut-être injuste d'un esprit supérieur à qui le mécompte des événements politiques a donné le spleen. L'impression maladive qui exécuta *Stello* a sans doute obscurci la pensée qui l'inspira, mais quand bien même l'œuvre de M. de Vigny n'eût pas présenté le rare et précieux mérite d'une forme nouvelle cherchée avec ardeur et presque trouvée, toujours en eût-elle offert un autre moins brillant peut-être, mais plus digne de fixer l'attention sans contredit.

Stello, en effet, n'est pas seulement remarquable comme inspiration personnelle, comme le produit d'une imagination élevée et féconde, j'y trouve encore ce qui est épars et accidentel dans les ouvrages de la plupart des écrivains de notre temps, l'imitation non pas servile et grimaçante, mais réfléchie et entendue, de toutes les écoles, de tous les maîtres. Quand tous les sentiers sont frayés, que toutes les routes ont été parcourues, qu'il n'est plus possible de devenir le Christophe Colomb d'un nouveau monde intellectuel, quand plus que jamais il convient de se répéter les premières lignes du livre de La Bruyère, la plus sûre voie pour arriver à l'originalité, n'est-ce point l'imitation intelligente et complète des maîtres ? Raphaël imita et copia longtemps Michel-Ange, Léonard et même Masaccio, et c'est à force d'étudier leurs procédés qu'il parvint à s'en servir mieux qu'eux.

À suivre dès leur origine les travaux et les études de M. de Vigny, il est aisé de reconnaître que pour mieux se pénétrer de l'esprit des grands écrivains, il a copié leurs formes et composé dans leur système. *Stello* est comme le dernier jalon du chemin qu'il a suivi, comme le couronnement de l'édifice artificiel qu'il avait momentanément élevé ;

c'est son adieu à l'inspiration étrangère, sa première tentative de création vraiment originale.

Malgré l'influence desséchante pour les hommes d'art des discussions et des intérêts politiques, c'est merveille de voir depuis quinze ans l'activité de nos écrivains, et comme les travaux et les découvertes littéraires les sollicitent. Par un singulier contraste, ce qui les élève et ce qui fera vivre les premiers d'entre eux, ils le devront justement à cet esprit d'imitation qui laissa s'éteindre sans gloire la dernière génération littéraire du XVIIIe siècle. Il est vrai de dire qu'ils n'imitent plus à la manière des Chénier, des Delille et des La Harpe, continuateurs d'une littérature usée du moment que la société avait changé ; ils ne sont plus parqués entre la tragédie de Racine et le drame de Lachaussée, entre l'épître de Boileau et le discours académique de Chamfort, entre le roman graveleux de la Régence et le conte philosophique de Voltaire.

Ils en ont fini avec les traditions de cette littérature majestueuse et belle, mais guindée, réglée, étiquetée, tirée au cordeau comme les jardins de Lenôtre. Ce n'est plus l'unité qu'ils poursuivent, c'est la variété. Ils n'ont plus l'instinct de l'ordre et de la foi, mais bien celui de l'examen qui fait rechercher toutes les sources, de la liberté qui fait trouver le succès dans les hasards. Et ce n'est pas une apologie que je trace ici, ce sont des faits que je constate ; en même temps que leur esprit s'est étendu, leur goût est devenu plus pur, il a été plus loin et sa portée a été plus juste. Des imaginations spirituelles et joviales qui trouvent leur compte au paradoxe peuvent s'évertuer à placer l'art moderne dans l'ignoble, rien de plus relevé pourtant et de plus moral que l'art moderne. S'il a le scepticisme du dernier siècle, il n'en a pas les préjugés ; s'il est moins accusé qu'au siècle de Louis XIV, il n'en a ni l'étroit pédantisme ni les instincts incommodes. De même que la liberté l'a conduit au vrai, l'expérience a fait son impartialité, c'est elle qui aujourd'hui lui tient lieu de croyance.

Je ne sais pas si notre siècle de trente-deux années laissera seulement trois noms aussi grands que les plus petits des deux derniers, mais à coup sûr, s'il n'a rien de leur bonheur, il aura eu des mérites qu'ils n'ont pas soupçonnés. Bien peu d'écrivains, même parmi les secondaires, porteraient aujourd'hui leurs passions et leurs haines privées dans leur talent, il y en a bien peu de disposés à faire primer l'intérêt d'une opinion sur celui de l'art. Qui songerait, comme Fénelon, à sacrifier dans un sujet antique l'antiquité au christianisme ? Qui donc, comme Racine, sacrifierait la vérité de mœurs à l'esprit de cour ? Qui encore, comme Voltaire, altèrerait la vérité des caractères au profit d'un esprit prétendu philosophique ? Il me semble, plus j'y songe, que dans aucun temps les grandes conditions qui font trouver le beau dans l'art n'ont été plus universellement senties et proclamées. Il y a dispute sur les formes, cela prouve qu'on en cherche de nouvelles, mais où est le mal ? N'est-ce point dans la création des formes que consiste toute l'originalité qu'il nous est permis d'avoir. Il en a été ainsi de tout temps, ou à peu près.

Depuis Moïse (ce n'est pas de ma faute si je remonte si loin), l'humanité tout entière roule dans le cercle de trois ou quatre inspirations, dont elle suit et conserve la trace, où, comme dans un réservoir immense et intarissable, elle puise cette pensée toujours la même que chaque siècle interprète selon la portée qui lui est propre, qu'il traduit par l'organe des génies privilégiés qui lui naissent, la répandant ainsi et par l'intermédiaire d'intelligences secondaires parmi les derniers rangs de la société. La Bible, l'Iliade, la Divine Comédie, voilà le triangle qui enferme et circonscrit toute inspiration, les trois mondes radieux autour desquels gravitent comme autant de satellites tous les plus beaux génies.

Thucydide et Platon, Virgile et Tite-Live, Saint-Augustin et Tertullien, Tasse et Milton, Corneille et Pascal, Byron et Chateaubriand, Shakespeare même, qu'ont-ils trouvé, si n'est des formes. Avec les grandes épopées bibliques et homériques, ils ont étudié Dante, ils se sont mutuellement étudiés et inspirés. Leur pensée, c'était d'abord la pensée commune qui peu à peu s'est transformée, qui s'est parée, agrandie, colorée, et qui a fini par s'empreindre d'un extérieur inattendu, par revêtir un costume nouveau qui est devenu le leur. Ils n'ont fait pourtant qu'arranger des matériaux découverts, que refondre des couleurs qui avaient servi. S'ils sont créateurs, c'est à la manière de ces ouvriers qui d'un morceau de métal en fusion tirent une pièce nette, polie, artistement ciselée ; ils ont pris la matière quelque part, mais la façon vient d'eux, l'empreinte est la leur, et leur nom y reste éternellement gravée.

Ce sont lieux communs aujourd'hui que tout cela. Si je les répète à propos du livre de M. de Vigny, c'est pour faire mieux sentir tout ce qu'il y a d'audace dans sa tentative, et à quel nom il pourrait prétendre s'il y a réussi. Il est évident qu'il cherchait *Stello* depuis longtemps. Par *Stello*, les œuvres précédentes de l'auteur acquièrent un sens qu'elles n'avaient point. Comme tous les grands artistes, c'est autant pour remplir un but que pour répondre à une vocation qu'écrit M. Alfred de Vigny. Dans ce système, toutes les publications qu'il a faites sont moins de véritables œuvres que des études. Qu'on se rappelle les poèmes qu'il a donnés à différents intervalles, poèmes à qui il a imprimé une sorte d'unité en les réunissant dernièrement dans un seul volume. C'est là qu'il a déposé les inspirations qu'il retira de la lecture de la Bible et d'Homère.

Éloa est la mystique réalisation d'une vie d'ange : c'est une pièce écrite d'un style vaporeux et fondant, qui sent le tabernacle et le sanctuaire. Dans *Moïse*, l'imitation moderne pointe. C'est la personnification de la puissance suprême aux prises avec le doute d'elle-même. Ici l'auteur a commenté les livres saints avec Milton et Byron. Dans l'*Hamadryade* et *Symetha*, les couleurs antiques sont prodiguées, seulement l'auteur a fait trop visiblement usage du procédé d'André Chénier. *Dolorida*, qui marque un passage à l'ère moderne, est un petit drame qui a quelque chose de fantastique et d'espagnol. La traduction d'*Othello*, celle inédite du *Marchand de Venise*, indiquent quelles études M. de Vigny s'est proposé de faire sur Shakespeare ; je m'étonne qu'il n'ait rien essayé sur l'époque de Dante. C'est le poète avec lequel l'auteur semble le moins sympathiser : quelque reflet de cette grande figure irait pourtant merveilleusement à un livre comme *Stello*.

Tout le monde a lu *Cinq-Mars*. Si ce n'est pas la reproduction fidèle de la société telle que la faisait et le défaisait Richelieu, c'est toujours une étude délicatement faire sur la cour d'Anne d'Autriche. Quand je lus, pour la première fois, *Cinq-Mars*, je ne m'expliquai pas cette haine que l'auteur porte à Richelieu et qu'il ne cherche guère à déguiser. J'ai lu *Stello* et j'en comprends les motifs ; c'est un amour fervent pour l'aristocratie qui la lui a inspirée. Je reviens à *Cinq-Mars*. Je ne crois pas que l'auteur ait bien compris le cardinal, mais il a bien saisi Louis XIII et la reine, grâce à Mme de Motteville. Le forme de son roman reproduit assez exactement ceux de Walter Scott, et, sauf les épisodes, il me plaît tout autant que *Durward*. Pour l'idéalisation des caractères, les scènes de passion, et la peinture des mœurs, c'est quelque chose qui rappelle l'abbé Prévost et Lesage.

La Maréchale d'Ancre n'est autre chose que les matériaux de la composition de *Cinq-Mars* appliqués à la scène. L'intelligence du mouvement politique s'y fait remarquer ; la pièce manquait de proportions, voilà pourquoi son succès a été médiocre. Du reste c'est dans la conduite de l'action principale la vigueur de Schiller ; et le style imagé, ferme, sonore et incisif, a des rapports surprenants et inattendus avec celui de Beaumarchais.

Des nombreux écrivains que je viens de citer, il n'en est guère qui aient laissé quelqu'une de leurs traces dans *Stello*, et, au train de l'auteur, sa récolte doit être bientôt terminée. C'est le propre de notre littérature actuelle de suivre en cela la pratique des plus grands génies, qui, avant de se fier à leurs propres inspirations, en ont cherché hors d'eux-mêmes. Si j'en excepte M. Delavigne, dont le beau talent achève de mourir dans l'impuissance faute d'avoir compris cette inévitable loi de renouvellement, nos écrivains ont choisi parmi les hommes de génie, nationaux et étrangers, ceux dont l'allure, les sentiments et les idées concordaient le mieux avec les leurs. M. Lamartine [*sic*] ne doit-il pas beaucoup à lord Byron et à Klopstock ? Les maîtres de Hugo, ce sont Dante, Rabelais et l'Arioste ; M. Mérimée adopte Cervantès et Lesage ; M. Janin prend Diderot et Sterne, et le voilà qui tout récemment vient de refaire Hoffmann. M. Sainte-Beuve, écrivain à l'imagination si mobile et d'une ardeur difficilement contenue, court de Ronsard à André Chénier, de La Bruyère à Mme de Sévigné. Si j'osais parler des talents dramatiques que nous sommes censés avoir, je mentionnerais le marivaudage de M. Scribe ; et je dirais de M. Dumas qu'il rappelle parfois Schiller, s'il ne rappelait plus encore M. Guilbert de Pixerécourt.

[...] Le génie aujourd'hui ne peut plus être l'inspiration, c'est de l'acquis. Pour produire, il a tout autant besoin de mémoire que de verve ; c'est bien moins maintenant affaire de hasard que d'habileté. M. de Vigny a donc sagement agi, il a fait preuve d'un grand sens en étudiant toutes les formes avant de créer la sienne.

[Philippe Busoni]

LA *QUOTIDIENNE*, LUNDI 16 FÉVRIER 1835

THÉÂTRE-FRANÇAIS

Première représentation de *Chatterton*, drame en trois actes, en prose, de M. Alfred de Vigny

M. Alfred de Vigny publia, il y a trois ans, un roman philosophique ; ce livre obtint un beau et légitime succès, parce qu'on y découvrit une grande pensée de poète. Dans une trilogie pleine d'intérêt et de poésie, l'auteur avait placé sous des formes différentes, et dans des conditions diverses de civilisation, trois jeunes talents, luttant de toute la puissance de leur génie, contre l'égoïsme, la cruauté et le matérialisme de notre société moderne : trois existences de poètes, pleines d'avenir, dévorées par l'abandon, la misère et le désespoir : c'était un procès fait aux trois modes de gouvernement qui régissent le monde civilisé, où aucune place n'est faite au poète, seule intelligence qui se trouve partout dans un état de pariatisme social, et en dehors des conditions de notre organisation politique. Ainsi, l'auteur de *Stello* nous montra tour à tour, dans son livre, Gilbert mourant à l'hôpital sous une monarchie absolue, Chatterton se tuant de désespoir sous la protection d'un gouvernement constitutionnel, et André Chénier portant sa tête sur l'échafaud au sein d'une république. L'auteur concluait, en nous montrant les trois fantômes de ces jeunes victimes, l'un montrant la clé avec laquelle il s'est étranglé, l'autre sa fiole de poison, et le troisième la guillotine, et s'écriant : *Le poète a une malédiction sur sa vie, et une bénédiction sur son nom.*

Cette pensée du livre de M. de Vigny, pensée aussi imprégnée de poésie que de philosophie, pourrait être considérée, au milieu de notre époque toute positive et toute matérielle, comme un accès de ces vapeurs misanthropiques que les Anglais appellent le *spleen* quand elles sont parvenues au dernier période, et qu'ils se contentent de caractériser sous le nom de *blue devils* (les diables bleus), quand elles n'ont pas acquis encore ce degré d'intensité qui termine la maladie par le suicide. L'auteur d'*Éloa* n'est cependant pas un de ces poètes méconnus de leur siècle, qui ont le droit de se révolter contre l'indifférence et le dédain de leurs contemporains : l'opinion publique a fait à ses ouvrages un accueil assez flatteur, et a rendu à son nom assez d'hommages pour qu'on ne soit pas un peu surpris de cette constante préoccupation morose qui le pousse à prouver que dans notre société telle qu'elle est faite, le poète n'a d'autre ressource contre le désespoir que le suicide. Il n'a pas suffi à M. de Vigny de développer cette proposition dans un livre, avec la gravité d'une narration philosophique, et sous la forme de la consultation d'un médecin moraliste, appelé le docteur Noir, il a voulu compléter sa pensée, en la dramatisant, il ne s'est pas contenté du succès de sa théorie à l'état de roman, il a voulu la rendre plus saisissante et plus populaire en la transportant sur la scène ; il l'a tirée de la méditation du cabinet pour lui donner la publicité du théâtre. C'est l'épisode de son roman, intitulé *Histoire de Kitty Bell*, que l'auteur a choisi, ou, pour mieux dire, c'est Chatterton qu'il a pris pour héros de son drame. Ce n'est pas ce Chatterton tel que l'histoire nous le fait connaître ; ce misérable pamphlétaire qui mettait sa plume aux gages de tous ceux qui voulaient la payer, et qui prostitua dans des combinaisons indignes d'un poète, un talent qui eût pu faire honneur à l'Angleterre ; ce Chatterton enfin à qui il ne manqua qu'une plus longue carrière et d'autres conditions de temps et de mœurs pour surpasser l'Arétin en cynisme, en vices, en talent et en vénalité.

Le Chatterton de M. de Vigny est un jeune poète candide et pur, qui relève un génie énergique et passionné, par une grande noblesse d'âme, et qui porte jusqu'à l'exaltation le sentiment de sa dignité d'homme et de poète. Il serait donc injuste de prendre dans ce drame nouveau *Chatterton* autrement que ne l'a voulu l'auteur, et de chercher des convenances historiques dans un drame d'invention. Le *Chatterton* de M. de Vigny n'est pas une individualité, c'est la personnification d'un poète conçue selon ses idées, et à laquelle il a donné le nom de *Chatterton*. L'auteur a pris dans la biographie du poète anglais les traits et les événements qui convenaient à l'économie de sa pièce, et il a négligé ceux qui contrariaient la pensée de son drame. Que les personnes qui voudront connaître le véritable *Chatterton* aillent le chercher dans le travail biographique qui se trouve en tête de ses œuvres, recueillies et publiées à Londres, il y a trente ans ; elles y verront ce qu'était le poète de Bristol, dont la courte existence littéraire fut employée à des supercheries littéraires, plus puériles que coupables, et à des travaux poétiques plus estimables que fructueux. Ce jeune homme, sans conscience et sans principes, avait l'habitude de dire que *Dieu a donné à l'homme des bras assez longs pour atteindre à tout, et qu'il ne s'agit que de prendre la peine de les étendre.* Plus tard, quand il eut quitté Bristol, sa vieille mère et sa jeune sœur, pour chercher fortune dans la corruption de Londres, il regardait *comme un pauvre écrivain celui qui ne savait pas écrire pour les deux partis.* Il avait si peu droit de se plaindre de la société et de quitter la vie par un suicide, pour échapper à la misère, qu'il convenait lui-même que *s'il pouvait s'abaisser jusqu'à un travail de bureau, il trouverait vingt places pour une ; mais qu'il lui fallait vivre avec les grands.* Au reste, voici la copie d'une note écrite de sa main, derrière un feuillet contenant un essai de poésies : elle en dit assez sur la moralité de Chatterton : ce poète y fait le décompte, en partie double, de ce que lui a valu la mort du lord-maire, son protecteur.

Perdu par sa mort par cet essai	1 liv.	11 sch.	6 den.	
Gagné en élégies sur sa mort	2 liv.	2 sch.		
En essais	3	3		
. . . .	5	5 ci.	5	5
Je me réjouis de sa mort pour	3	13	6	

Le savant chevalier Crofft, que nous avons connu à Paris lorsqu'il s'occupait de son curieux travail sur la ponctuation d'Horace, avait été l'ami et le compagnon de Chatterton, il avait conservé de lui un souvenir peu honorable. Il était convaincu que la misère n'avait été que la cause accidentelle du suicide de ce jeune fou, mais que la véritable cause était une déception d'orgueil et d'ambition, et surtout le chagrin de n'avoir pu parvenir à convaincre le public, que les poésies qu'il avait composées sous le nom d'un moine du onzième siècle, nommé Rowley, n'étaient réellement que les productions de son génie, et comme il le disait lui-même de *n'avoir pu réussir à renverser le fantôme de Rowley, qu'il avait créé de ses mains.* Revenons à présent au *Chatterton* de M. de Vigny.

[Résumé de la pièce.]

Dans cette analyse, dépouillée de tout épisode et de tout accessoire, nous n'avons voulu montrer que le poète, tel que nous croyons que M. de Vigny l'a conçu dans la pensée *de son drame,* aux prises avec l'ingratitude et l'égoïsme des hommes, avec le désespoir et la préoccupation incessante du suicide. Nous disons de *son drame* avec intention ; car nous ne partageons pas l'opinion de quelques critiques, fort estimables d'ailleurs, qui refusent à cette pièce un mérite dramatique. Nous ne croyons pas que le drame n'existe seulement que dans la complication des événements et le luxe des péripéties, dans la peinture de passions désordonnées, dans le spectacle des vices et des crimes accumulés dans une action scénique. Nous pensons qu'il y a du drame dans une œuvre de théâtre quand nous y trouvons une analyse touchante d'une maladie morale du cœur, de l'esprit ou de l'imagination, et qu'un intérêt puissant s'attache à un personnage, soit que cet intérêt soit produit par l'amour ou par la pitié. Il y a du drame dans un ouvrage dont le héros, jeune homme de dix-huit ans, est placé par son génie et sa renommée au plus haut rang dans la société intelligente, et à la dernière place dans la société matérielle, et que par suite de ce contraste, de cette anomalie ou de ce crime social, si l'on veut, sa destinée dévorant dès son entrée dans le monde, son avenir, sa gloire et sa fortune, ne lui laisse pour ressource que le suicide, cette lèpre honteuse de notre société moderne, que nous devons au mépris des croyances religieuses et aux sophismes des philosophes athées.

Nous conviendrons qu'il y a peu d'action dans ce drame, mais nous pensons que si l'auteur de *la Maréchale d'Ancre* n'en a pas mis davantage dans *Chatterton*, c'est par système et non par impuissance. Si M. de Vigny n'eût pas voulu tendre vers une action spiritualiste, vers un genre de drame où l'analyse doit l'emporter sur le mouvement, et la pensée dominer les coups de théâtre, il lui eût été facile de mettre plus d'action dans son sujet ; mais alors il n'eût pas fait ce qu'il a voulu faire ; il a senti que l'école moderne, dont il est un des chefs, avait des torts à se faire pardonner, et qu'il était habile à elle de prouver dans ce moment au public, que l'art offre des ressources en dehors des effets de mise en scène, du prestige des décorations et du clinquant des costumes. M. de Vigny a intéressé vivement pendant trois actes avec des scènes de la vie intime, avec le simple tableau de l'intérieur d'une famille puri-taine, avec la sévère morale d'un quaker et la mélancolie rêveuse d'un poète ; les seuls accessoires de son tableau sont une fiole d'opium, une Bible qui occupe l'attention depuis la première scène jusqu'à la dernière, et deux enfants qui jouent aux pieds de leur mère, et tout cela touche, intéresse et émeut pendant deux heures, tout cela est arrangé avec tant d'art, qu'on arrive avec ces seuls éléments, jusqu'à la terreur la plus saisissante, produite par la catastrophe du dénouement.

On a reproché au style de l'ouvrage de n'être pas du style de comédie, c'est une erreur ou un malentendu. Le style de la comédie doit être naturel, dit-on généralement, il serait plus juste de dire qu'il doit être vrai pour chaque personnage ; ainsi Chatterton ne s'exprimant que poétiquement et par images, le Quaker ayant un style biblique et sentencieux, et Kitty Bell parlant simplement et comme une femme modeste et une puritaine timide, parlent chacun le langage qui convient à leur caractère et sont dans les conditions du vrai. La preuve qu'il n'y a pas une forme de style propre à toutes les comédies, c'est que les pièces de Molière ne sont pas écrites comme celles de Regnard, et que Destouches n'écrivait pas comme Marivaux, ni Sedaine comme Beaumarchais ; le métromane ne s'exprime par comme M. Turcaret, ni Alceste comme M. Jourdain. C'est donc un tort de parler d'une manière absolue du *style de la comédie*, il faut parler, pour être dans le vrai, d'un dialogue naturel dans le caractère de chaque rôle.

La pièce de *Chatterton* est écrite d'une manière élégante et pure, le dialogue est semé de traits philosophiques d'une haute portée et d'images d'une riche couleur. Nous citerons pour exemple une définition de l'Angleterre, qui a été vivement applaudie et généralement admirée comme un morceau d'une poésie brillante. Lord Beckford demande à Chatterton quelle idée il se fait de l'Angleterre. Le poète lui répondit : « L'Angleterre est un vaisseau, notre île en a la forme ; la proue tournée au nord, elle est comme à l'ancre au milieu des mers, surveillant le continent : sans cesse elle tire de ses flancs d'autres vaisseaux faits à son image, et qui vont la représenter sur toutes les côtes du monde. Mais c'est à bord du grand navire qu'est notre ouvrage à tous. Le roi, les lords, les communes, sont au pavillon, au gouvernail et à la boussole ; nous autres, nous devons tous avoir la main aux cordages, monter aux mâts, tendre les voiles et charger les canons ; nous sommes tous de l'équipage et nul n'est inutile dans la manœuvre de notre glorieux navire. » Et puis il ajoute : « Le poète cherche aux étoiles quelle route nous montre le doigt du Seigneur. »

Le personnage de Chatterton offre un caractère bien tracé, le poète s'y révèle dans toutes ses parties ; dans ses espérances comme dans son désespoir, dans sa mélancolie comme dans son amour, dans ses rêves de gloire et de bonheur comme dans sa haine contre la société. Le Chatterton de M. de Vigny est un bon et honnête jeune homme, incapable d'une mauvaise action, amoureux timidement de Kitty, mais déterminé de se soustraire au crime d'une séduction par un suicide. C'est un de ces esprits inquiets, de ces imaginations malades qui sont vieux et désillusionnés à dix-huit ans comme on l'est après avoir subi pendant soixante ans toutes les vicissitudes de la vie. Ce rôle a été bien compris par Geoffroy qui l'a composé en grand artiste, et qui en a varié les émotions avec une grande habileté.

Le rôle du quaker est une création, plus neuve que le curé de Mélanie, et plus originale que le docteur noir ; c'est un philosophe chrétien, un homme de probité, qui peut être considéré comme l'ange gardien de la famille de John Bell. C'est la sagesse et la charité sous la figure d'un vieillard respectable. Le quaker veille à la fois sur la vertu de Kitty, et sur l'amour de Chatterton : il est toujours placé entre Kitty et Chatterton, pour éviter le contact de deux cœurs qui s'embraseraient s'ils se touchaient. Joanny a joué ce rôle avec un pathétique vrai et une onction touchante, il a varié avec un art infini et une connaissance parfaite des ressources d'un comédien consommé, l'impassibilité de son caractère et la sévérité de son langage évangélique.

Kitty Bell est une belle et suave conception ; il est impossible de mieux peindre que dans ce rôle la réserve de l'épouse vertueuse, et les douces affections de la mère de famille ; l'amour, ou pour mieux dire le tendre attachement qu'elle éprouve pour Chatterton, ne paraît que tout autant qu'il le faut pour intéresser le spectateur à ce qui se passe dans le cœur de cette femme, sans lui rien faire perdre de l'estime qu'elle inspire à tous ceux qui la voient. Madame Dorval a bien représenté cette jeune Kitty Bell, cette femme au visage tendre, pâle et allongé, à la taille élevée et mince ; elle a saisi, avec un talent digne des plus grands éloges, toutes les nuances de ce rôle, et elle a peint avec sentiment l'épouse respectueuse et soumise, la mère tendre, l'amie dévouée, et même l'amante timide qui meurt de douleur, sans laisser échapper un mot d'amour : noble et décente dans les deux premiers actes, exprimant avec une grâce parfaite tous les scrupules d'une conscience puritaine, elle s'est élevée jusqu'à la hauteur de la tragédie dans les dernières scènes du troisième acte, et elle a révélé, dans trois ou quatre occasions, ce talent d'inspiration et de soudaineté qui électrise toute une salle.

Rien n'a manqué à l'ensemble parfait de cette représentation ; les moindres rôles ont été joués d'une manière distinguée : Guiraud a donné un caractère très imposant à la brusquerie de John Bell, c'est l'industrie personnifiée avec son arrogance, son avarice, et tout ce qu'il y a de positif dans le cœur d'un industriel enrichi. Mircour a joué avec grâce et légèreté le rôle de lord Talbot ; et Duparrai a tiré un grand parti d'une scène dans laquelle paraît le lord maire ; scène comique et piquante, et l'une des meilleures de l'ouvrage. Enfin, il n'est pas jusques à deux enfants, beaux comme deux portraits de Laurence, qui n'aient concouru à l'ensemble de cette représentation et à l'éclat de ce succès, le plus brillant qu'ait obtenu la Comédie-Française depuis deux ans.

Nous ne terminerons pas le compte rendu de l'œuvre de M. de Vigny, sans regretter, sous le rapport de la morale, le danger que la représentation de ce drame fera courir aux jeunes imaginations qui se croiront, comme Chatterton, victimes des préjugés, de l'envie et de l'égoïsme de notre société. La jeunesse d'aujourd'hui n'est que trop disposée à réclamer des institutions qui lui ouvrent toutes les carrières de l'ambition, et à s'exagérer les germes d'un talent, souvent fort équivoque ; elle est toujours prête à se plaindre de l'indifférence du siècle pour les génies méconnus : ce sentiment généreux dans son principe, dégénère presque toujours en orgueil, et devient une maladie atrabilaire, à laquelle on applique, comme unique remède, le suicide. Sous ce point de vue, la pièce offre de graves inconvénients, quoiqu'il soit impossible de se méprendre sur les intentions de l'auteur, qui a présenté Chatterton comme un malheureux dont le cerveau est arrivé à un tel degré d'irritation, que les conseils même de la philosophie la plus douce, de la morale la plus persuasive, et de la religion la plus consolante ne peuvent ramener à la raison.

J[ules] T[aschereau]

REVUE DE PARIS, 2ᵉ SÉRIE, T. XXII, 3ᵉ LIV.,
25 OCTOBRE 1835

Bulletin littéraire

Servitude et grandeur militaires, par le comte Alfred de Vigny[7].

On ne saurait considérer de trop près les réalités les plus désespérantes de la vie ; on ne saurait trop se garder des illusions du cœur et des fantaisies de l'imagination ; il faut chaque jour descendre plus avant dans les secrets de la société au milieu de laquelle nous vivons ; l'accepter tout entière, avec ses douleurs, ses bizarreries et des défauts ; se pénétrer profondément de l'esprit de son siècle, comprendre les goûts de son époque : c'est le seul moyen d'achever quelque chose de grand et d'utile. Hors cette vue saine, froide et réfléchie des choses, ce ne sont qu'écueils et bas-fonds, où les volontés les plus tenaces viennent se briser sans profit et sans gloire. Les détails les plus positifs de la vie publique et privée renferment une poésie grave, mélancolique et forte, que les esprits élevés préfèrent aux vagissements confus, aux exclamations incohérentes, à toute cette exubérance stérile, qui défraie annuellement un certain nombre de vers lyriques, épiques, anacréontiques. Mais l'homme ne se peut toujours maintenir à ce haut degré de vertu ; sa démarche n'est point toujours droite et ferme ; des ambitions immodérées obscurcissent sa raison ; il se trouve tout à coup transporté dans un monde chimérique ; il abandonne la grande route pour se perdre dans les sinuosités et s'égarer, dans les chemins de traverse. Eh bien ! lorsque nous avons senti ainsi en nous l'idéal l'emporter sur le réel, il est un livre que nous avons toujours ouvert avec respect et fermé avec reconnaissance, c'est le *Stello* de M. de Vigny. M. de Vigny est-il donc le peintre de la réalité, l'ennemi des caprices de l'imagination ? Loin de là, M. de Vigny est le chantre de l'idéal, l'amant sinon le plus favorisé, au moins le plus empressé de la Muse. M. de Vigny est le défenseur, l'avocat

De ces pâles rêveurs au langage inconstant.

---

7   Chez Félix Bonnaire, éditeur, et Victor Magen, quai des Augustins, 21.

M. de Vigny est lui-même un grand poète, un penseur profond. Oui, en face du grabat de Gilbert et du lit de mort de Chatterton, nous sentons circuler en nous une vigueur indomptable, nous voulons faire mieux qu'eux ; ils sont morts jeunes, et nous voulons vivre longtemps ; ils ont été broyés par la main de fer des circonstances, nous voulons triompher de tous les obstacles, ne sachant pas d'autre moyen de les honorer que de ne pas les imiter.

Il est bon que ces grands enseignements soient fréquemment rappelés à la jeunesse ; je ne connais pas de meilleur plaidoyer contre le suicide que ce beau drame de *Chatterton*. Je n'en veux d'autre preuve que le recueillement des jeunes auditeurs et les réclamations de quelques moralistes à vue courte.

Le nouveau livre de M. de Vigny est marqué à ce coin de gravité qui caractérise les œuvres durables : c'est toujours le poète qui parle pour les hommes de la réalité ; c'est le cœur qui vient au secours de l'esprit, la théorie qui prépare l'application. Ce qui constitue pour moi l'originalité du talent de M. de Vigny, ce qui lui assigne une si haute place dans mon estime, c'est de s'être ainsi posé comme un modérateur plein de bienveillance et d'autorité, entre deux camps, sinon ennemis, du moins bien distincts ; initiant les poètes à la vie positive, et apprenant aux hommes positifs à apprécier les poètes ; âme limpide et vaste, qui réfléchit également les deux faces de la nature humaine, qui négocie leur rapprochement en les opposant l'une à l'autre, sans toutefois déguiser sa prédilection pour l'idéal. Ce rôle si glorieux ne pouvait être rempli que par un homme qui se fût trouvé dans des conditions telles, qu'il pût connaître à fond les joies et les douleurs de la réalité, les douleurs et les joies de la poésie ; quatorze ans de service ont été le noviciat de cet éloquent missionnaire. C'est pareillement de l'armée que sont sortis, à un siècle de distance, Descartes et Vauvenargues. M. de Vigny serait-il appelé à compléter cette trinité ?

Les *Souvenirs de Servitude et de Grandeur militaires* forment une trilogie ; cette forme avait déjà été adoptée par l'auteur dans *Stello*. De ces trois petits drames, deux, *Laurette* et la *Veillée de Vincennes*, sont des souvenirs de servitude ; le troisième est un souvenir de grandeur : les dimensions en sont plus étendues, le héros plus épique, le ton plus sérieux, c'est la *Vie et la mort du capitaine Renaud ou la Canne de jonc*. Ces récits, d'un intérêt si puissant, sont précédés et suivis de considérations élevées sur le caractère général des armées, sur le caractère du soldat, sur la responsabilité.

Ce livre a des entrailles ; c'est un homme d'honneur qui parle à cœur ouvert, qui porte haut la tête : ma Muse, dit-il, c'est la franchise. En accordant des éloges sans bornes au choix des sujets, nous craignons de ne pouvoir plus louer suffisamment la forme qui atteint un degré de perfection vraiment merveilleux. Cela ressemble à une belle pièce de soie tout à la fois brillante, souple, solide ; transparente, impénétrable, se nuançant de mille reflets divers, selon qu'on l'expose au grand jour. Élégant sans rechercher l'harmonie des mots, concis sans être heurté, majestueux sans pompe, le style de M. de Vigny est un produit de l'étude, de la patience et de la méditation. Du reste aucun lien de parenté avec le style des siècles précédents ; si l'on voulait à toute force trouver un modèle à M. de Vigny, on pourrait, en désespoir de cause, évoquer le nom de Sterne, et en remontant aux caractères principaux de son talent, ceux de Milton, de Shakespeare qu'il a beaucoup lu, de Goethe qu'il ignore peut-être, mais dont il rappelle la sérénité et la force concentrée. « Je ne pense point, dit M. de Vigny dans le *Capitaine Renaud*, que la civilisation ait tout énervé, je vois qu'elle a tout masqué. J'avoue que c'est un bien, et j'aime le caractère contenu de notre époque : dans cette froideur apparente, il y a de la pudeur, et les sentiments vrais en ont besoin ; il y entre aussi du dédain, bonne monnaie pour payer les choses humaines. »

Nous n'avons point retrouvé dans les *Souvenirs de Servitude et de Grandeur militaires* quelques préoccupations politiques et systématiques qui déparaient *Stello* ; le soldat a été mieux inspiré que le poète, il a été plus vrai ; sa morale est plus haute ; il a laissé de côté les systèmes, et les individus, pour ne s'occuper que de ce qui est le propre du cœur. Sur ce terrain on défie les passions mauvaises ; on est sûr d'être toujours également bien compris par tous les hommes et dans tous les temps ; le cœur, voilà la vraie richesse de l'homme, voilà un trésor qu'il n'épuisera jamais. M. de Vigny s'est fait l'historien du cœur humain ; son livre émeut, il vous arrache des larmes ; battez des mains ensuite si vous le pouvez.

Nous terminerons en citant quelques lignes où se trouve résumée la pensée de ce remarquable livre. « …Ne méritent-ils pas d'être aimés quand nous les devinons, ces dévouements ignorés, qui ne cherchent pas même à se faire voir de ceux qui en sont l'objet, ces sacrifices modestes, silencieux, sombres, abandonnés, sans espoir de nulle couronne divine ou humaine, ces muettes résignations dont les exemples, plus multipliés qu'on ne croit, ont en eux un mérite si puissant, que je ne sais nulle vertu qui leur soit comparable ? »

Pour nous, après l'accomplissement de ces grands sacrifices, nous ne savons rien d'aussi beau que le récit qui nous en est livré par M. de Vigny.

LE MONITEUR UNIVERSEL, LUNDI 28 SEPTEMBRE 1863

Feuilleton du 28 septembre 1863

Revue dramatique

M. Alfred de Vigny. – Comédie Française : *La Mère confidente,* comédie en trois actes et en prose de Marivaux. – Vaudeville : *Macbeth* (en anglais), pour la représentation de Mme Key Blunt.

L'art a fait une grande perte dans la personne de M. le comte Alfred de Vigny. Ce fut une des plus pures gloires de l'école romantique, et bien que sa nature fine et discrète le tînt éloigné de la foule, il ne craignait pas de l'affronter lorsque la doctrine sacrée était en jeu. Malgré son dégoût pour les luttes grossières du théâtre, il traduisit l'*Othello* de Shakspeare avec une fidélité courageuse, et le livra aux orages du parterre. Cette traduction, où l'exactitude ne produit nulle part la gêne et qui a toute la liberté d'une œuvre originale, n'est pas restée au répertoire, et ce n'est qu'après un intervalle de plus de trente ans que Rouvière l'a ressuscitée pour jouer le *More de Venise* sur un théâtre du boulevard. La préface, un chef-d'œuvre de grâce, de finesse et d'ironie, abonde en idées nouvelles alors qui le sont encore aujourd'hui. Peu d'écrivains ont réalisé comme Alfred de Vigny l'idéal qu'on se forme du poète. De noble naissance, portant un nom mélodieux comme un frémissement de lyre, d'une beauté séraphique que même vers les derniers temps de sa vie l'âge ni les souffrances n'avaient pu altérer, doué d'assez de fortune pour qu'aucune nécessité vulgaire ne le forçât aux

misérables besognes du jour, il garda pure, calme, poétique, sa physionomie littéraire. Il était bien le poète d'*Éloa*, cette vierge née d'une
larme du Christ et descendant par pitié consoler Lucifer. Ce poème,
le plus beau, le plus parfait peut-être de la langue française, de Vigny
seul eût pu l'écrire, même parmi cette pléiade de grands poètes qui
rayonnaient au ciel. Lui seul possédait ces gris nacrés, ces reflets de
perle, ces transparences d'opale, ce bleu de clair de lune qui peuvent
faire discerner l'immatériel sur le fond blanc de la lumière divine. Les
générations présentes ont l'air d'avoir oublié *Éloa*. Il est rare qu'on en
parle ou qu'on la cite. Ce n'en est pas moins un inestimable joyau à
enchâsser dans les portes d'or du tabernacle. *Symeta, Dolorida, le Cor, la
Frégate la Sérieuse*, montrent partout la proportion exquise de la forme
avec l'idée ; ce sont de précieux flacons qui contiennent dans leur cristal
taillé avec un art de lapidaire des essences concentrées et dont le parfum
ne s'évapore pas. Comme tous les artistes de la nouvelle école, Alfred
de Vigny écrivait aussi bien en prose qu'en vers. Il a fait *Cinq-Mars*, le
roman de notre littérature qui se rapproche le plus de Walter Scott ;
Stello, Grandeur et servitude militaires, où se trouve *le Cachet rouge*, un
chef-d'œuvre de narration, d'intérêt et de sensibilité qu'il est impossible de lire sans que les yeux se mouillent de larmes ; *Chatterton*, son
grand succès ; *la Maréchale d'Ancre*, un drame demi-tombé ; *Quitte pour
la peur*, un délicieux pastel, et une traduction du *Marchand de Venise*
qu'on devrait bien jouer comme hommage à sa mémoire, en ce temps
où les chefs-d'œuvre n'encombrent pas les cartons.

   Jamais le poète n'eut de défenseur plus ardent que de Vigny, et
quoique Sainte-Beuve ait dit de lui en toute bienveillance et admiration
du reste, en parlant des luttes de l'école romantique,

> ... Et Vigny plus secret,
> Comme en sa tour d'ivoire, avant midi, rentrait,

du fond de sa retraite il maintenait les droits sacrés de la pensée contre
l'oppression des choses matérielles. Il réclamait à grands cris, lui qui avait
l'un et l'autre, du temps et du pain pour le poète. Cette idée l'obsédait ;
il la développe sous toutes ses faces ; dans *Stello* et dans *Chatterton* il
lui donne l'éclatante consécration du théâtre. Il regarde avec raison le
poète comme le paria de la civilisation moderne, qu'on repousse de son

vivant et qu'on dépouille après sa mort, car lui seul ne peut léguer à sa postérité le fruit de ses œuvres.

Quand on pense à de Vigny on se le représente involontairement comme un cygne nageant le col un peu replié en arrière, les ailes à demi gonflées par la brise, sur une de ces eaux transparentes et diamantées des parcs anglais ; une *Virginia Water* égratignée d'un rayon de lune tombant à travers les chevelures glauques des saules. C'est une blancheur dans un rayon, un sillage d'argent sur un miroir limpide, un soupir parmi des fleurs d'eau et des feuillages pâles. Ou peut encore le comparer à une de ces nébuleuses gouttes de lait sur le sein bleu du ciel, qui brillent moins que les autres étoiles parce qu'elles sont placées plus haut et plus loin.

[Théophile Gautier]

VARIA

NOTE SUR LE TUTOIEMENT
ET LE VOUVOIEMENT
DANS *CHATTERTON*

À la mémoire d'André Jarry

De Voltaire (« Les Vous et les Tu », 1728) à Charles Aznavour (« Vous et Tu », 1991), en passant par Pouchkine (« Tu et Vous », 1828), il n'est pas rare que la création littéraire et artistique s'empare de ce double système d'adresse qui, en français comme dans d'autres langues, nous invite – ou nous force – à faire un choix entre le tutoiement et le vouvoiement[1]. Si les œuvres théâtrales qui en font le sujet même de l'intrigue demeurent anecdotiques[2], force est de constater que les dramaturges se montrent souvent très sensibles aux nuances rendues possibles par l'oscillation entre un *tu* ou un *vous*. C'est ainsi que dans d'innombrables pièces, l'usage et surtout les fluctuations de l'une ou l'autre forme revêtent des valeurs et soulèvent des enjeux aussi divers que complémentaires : la *mimèsis* de codes sociologiques historiquement attestés (par exemple, la non-réciprocité du *tu* et du *vous* dans le cadre d'un déséquilibre hiérarchique[3] ou d'une relation familiale conçue

---

1   Cette note reprend partiellement la matière de mon ouvrage *Le Tu et le Vous. L'art français de compliquer les choses*, Paris, Flammarion, 2020.
2   Ces pièces, très peu nombreuses, sont inséparables de la période révolutionnaire, qui a vu naître des vaudevilles comme *Les Vous et le toi* ou *Le Sourd guéri ou les Tu et les Vous*, dans le prolongement de l'interdiction du vouvoiement dans l'administration par le Directoire du département de Paris en novembre 1793. Voir Erica Joy Mannucci, *Il patriota et il vaudeville. Teatro, pubblico e potere nella Parigi della Rivoluzione*, Naples, Vivarum, 1998.
3   Par exemple, la situation des laquais moliéresques (qui vouvoient leurs maîtres – sauf en aparté – et se font tutoyer par eux) ou des confidents raciniens (qui donnent du *vous* aux

comme verticale[4]) et l'exploration psychologique[5] s'entremêlent volontiers pour, dans certains cas spectaculaires, renforcer la tension dramatique[6] ou créer des effets puissamment pathétiques[7] qui laissent à penser que les *tu* et les *vous* sont l'un des lieux privilégiés de cette « monstration des mots[8] » qui caractérise selon Denis Guenoun le théâtre.

Dans le cas de *Chatterton*, la question des pronoms d'adresse est d'autant plus intéressante qu'elle est surdéterminée par la présence d'un personnage dont Vigny aimait à rappeler qu'il tient dans la pièce un rôle « aussi important que ceux de Chatterton et de Kitty Bell[9] » : le Quaker. Familiers aux lecteurs français depuis les *Lettres sur les Anglais* de Voltaire, les Quakers sont en effet réputés pour leur usage systématique du tutoiement (c'est-à-dire, en anglais, par l'emploi de *thou* au détriment de *you*), expression d'un refus des grandeurs de ce monde et d'une affirmation de la fraternité des hommes devant Dieu. Et c'est justement au nom de ce qu'il appelle « la république universelle de

---

    princes et, sauf quelques exceptions, sont eux aussi tutoyés) est en tous points similaires à celle de la domesticité du XVIIᵉ siècle.

4   Chez Molière, le vouvoiement des parents par les enfants est systématique, comme il l'était globalement au XVIIᵉ siècle. Un siècle plus tard, une pièce comme *Le Mariage de Figaro* se fait l'écho d'une lente évolution des usages vers le tutoiement réciproque : dans la scène III, 16, Figaro adresse un *tu* à Marceline avant de repasser au *vous*.

5   Comme l'explique Michel Grimaud dans « Tutoiement, titre et identité sociale. Le système de l'adresse du Cid au Théâtre en liberté » (*Poétique*, nᵒ 77, fév. 1989, p. 53-75), l'alternance rapide entre les pronoms traduit enregistre un changement dans l'état d'âme du personnage. C'est ainsi que dans *Les Caprices de Marianne*, Hermia, submergée par l'émotion, passe du *vous* au *tu* lorsque Coelio lui demande de lui raconter ses amours passées (« Quel souvenir me rappelles-tu ? », I, 2). À l'inverse, dans la scène d'ouverture du *Mariage de Figaro*, c'est un brusque vouvoiement (« Qu'entendez-vous par ces paroles ? ») qui exprime l'inquiétude de Figaro, à qui Suzanne vient d'expliquer pourquoi le comte Almaviva leur a alloué une chambre proche de la sienne.

6   On peut ici penser au *Cid* : dans la fameuse scène du soufflet, l'offense physique est à la fois précédée et renforcée par l'insulte langagière, puisque le Comte cesse brutalement de vouvoyer Don Diègue (« Ton impudence, / Téméraire vieillard, aura sa récompense ») avant de passer à l'acte.

7   Songeons par exemple à la scène finale de *Ruy Blas*, où Hugo prête à la reine un passage éminemment mélodramatique du *vous* au *tu* lorsqu'elle découvre que Ruy Blas vient de boire du poison : « Quel est ce philtre étrange ? / Qu'avez-vous fait ? Dis-moi ! réponds-moi ! parle-moi ! ».

8   Denis Guénoun, *L'Exhibition des mots et autres idées de théâtre et de philosophie*, Belval, éd. Circé, coll. « Poche », 1999, p. 26.

9   Lettre du 4 mars 1835, citée dans Liano Petroni, « *Chatterton*, modèle exemplaire de la poétique dramatique de Vigny », *Cahiers de l'AIEF*, 1993, nᵒ 45, p. 219.

Christ[10] » que le « vieillard de quatre-vingts ans[11] » mis en scène par Vigny donne du *tu* à tous les autres personnages du drame, que ce *tu* relève de sa « bonté paternelle[12] » (comme face à Kitty ou Chatterton) ou qu'il sonne comme un défi adressé aux puissants, tels Lord Talbot[13] ou le riche industriel John Bell[14]. Ce tutoiement est d'autant plus frappant – et altier – qu'à l'exception d'une scène où Chatterton et Lord Talbot, camarades d'université, échangent un tutoiement amical, tout le monde se vouvoie dans la demeure bourgeoise où se situe l'action : John et sa femme Kitty, Kitty et sa fille Rachel, Kitty et Chatterton.

Pour autant, à y regarder de près, on décèle dans la scène III, 9 une curieuse infraction dans le dispositif pronominal élaboré par Vigny. À deux reprises, c'est bien un *vous* qui sort de la bouche du Quaker, alors même qu'il est évident que ce *vous* ne peut pas correspondre à une deuxième personne du pluriel[15] : à quelques répliques d'intervalle, le vieillard vouvoie d'abord Kitty (« vous êtes perdue ») puis, alors que cette dernière est « mourante », John Bell (« Arrêtez, Monsieur »).

Faut-il voir là une négligence de Vigny ? À la vérité, c'est possible : l'étude du manuscrit, dans lequel certains *tu* apparaissent par surcharge sur des *vous*[16], montre que l'auteur devait en quelque sorte se surveiller pour faire du Quaker un tutoyeur. Mais peut-on réellement se satisfaire d'une explication aussi décevante ? Il me paraît mille fois préférable de faire crédit à Vigny d'une maîtrise de ses effets et de mettre ces *vous*

---

10 *Chatterton*, III, 2. Il faut souligner les implications politiques de la formule : on sait l'influence qu'a sur Vigny le saint-simonisme, qu'il est courant, à l'époque, de rapprocher du mouvement quaker (voir José-Luis Diaz, « Balzac et le saint-simonisme : la politique de l'artiste », dans Lucienne Frappier-Mazur (dir.), *Genèses du roman, Balzac et Sand*, Amsterdam – New York, Rodopi, 2004, p. 197).

11 Vigny, « Caractères et costumes des rôles principaux », *Chatterton*. Remarquons au passage que l'âge du Quaker permet à Vigny de réactiver un vieux *topos* antique, celui de la *parrhèsia*, liberté de parole reconnue aux vieillards ou aux prêtres.

12 *Ibid.*

13 *Chatterton*, II, 3 : « Jeune homme, depuis cinq minutes que tu es ici, tu n'as pas dit un mot qui ne fût de trop. »

14 *Chatterton*, I, 2 : « Et ta loi est-elle juste selon Dieu ? »

15 En I, 2, le vouvoiement adressé par le Quaker à Kitty (« je sais ce qui monte à la tête de votre seigneur et maître ») correspond ainsi à une marque de pluriel, car il vise aussi les deux enfants, assis sur les genoux du vieil homme.

16 Ce manuscrit est consultable sur le site gallica.bnf.fr. On peut repérer, entre autres, deux corrections dans la scène I, 5 : « Ne voulez-vous sortir avec moi, monsieur » devient « Veux-tu sortir avec moi ? » ; « donnez la clé de votre chambre » est corrigé en « Donne la clé de ta chambre ».

très singuliers[17] au compte d'une démarche consciente de sa part. C'est
ce à quoi j'aimerais m'employer ici.

Commençons par l'évidence. Dès lors qu'on situe le revirement pronominal du Quaker dans le contexte qui est le sien, un double constat
s'impose : ces *vous* interviennent dans la toute dernière scène de la pièce
et, d'autre part (même si ceci implique largement cela), à un moment
où la tension dramatique est à son comble – ou, pour mieux dire,
constamment relancée et poussée plus loin. En effet, lorsque le Quaker
déclare « vous êtes perdue », non seulement Chatterton est en train de
mourir, mais encore Kitty et le poète expirant viennent de se révéler leur
amour mutuel. À cela s'ajoutent aussitôt un événement scénique, le jeu
par lequel Kitty glisse le long de l'escalier, puis un événement dramatique
qui interdit toute issue à l'héroïne, le retour de John Bell dans la maison.
Or, c'est précisément à ce moment-là que le Quaker vouvoie son autre
interlocuteur, et ce plusieurs fois : « dites », « arrêtez », « emmenez ».

Dans ces conditions, il faut sans doute interpréter ce glissement vers le
vous comme le témoignage langagier du trouble qui s'empare du Quaker
face à une situation aussi extrême – trouble que Vigny souligne en lui
prêtant un sentiment d'urgence qu'expriment d'abord une didascalie (« LE
QUAKER, *accourant* : "Vous êtes perdue…" »), puis l'emploi de l'adverbe
« vite » associé à une tournure exclamative (« Monsieur, emmenez ses
enfants ! Vite, qu'ils ne la voient pas »). Ces *vous* s'inscrivent ainsi dans
une véritable sismographie affective qui enregistre – ou construit – les
états d'âme du personnage, tout en conférant à ce dernier une profondeur
et une complexité accrues : soulevé par l'émotion, l'homme de Dieu
en oublie ses principes et laisse, par cette réaction spontanée, entrevoir
toute son humanité.

Mais il y a plus. Si l'on envisage non pas les affects du personnage
mais ceux du public, on doit considérer que le revirement du Quaker
contribue – au même titre, quoique de manière plus subtile, que le jeu
de l'escalier – à créer une forte impression chez les spectateurs, et, plus
précisément, à susciter chez eux le sentiment d'assister au *finale* du drame :
ce passage au vouvoiement suggère que quelque chose d'extraordinaire
s'est passé et qu'on ne saurait aller plus loin.

---

17 En vérité, il y en a un autre, qui me semble, lui, relever d'une inadvertance de Vigny : en
     II, 4, le Quaker, désignant Chatterton, s'adresse à Kitty en disant « je vais vous laisser
     lui parler et le gronder ».

Encore faut-il préciser que le *finale* commence en réalité avant la dernière scène, car la fabrique émotionnelle joue à plein dès la scène III, 6, où l'on voit Chatterton boire la fiole d'opium, et surtout la scène III, 7, où l'on assiste au dernier dialogue, extrêmement pathétique, entre le poète et Kitty. Or, ce n'est sans doute pas un hasard si Vigny, dans cet échange, ménage d'ores et déjà un effet saisissant à partir des pronoms d'adresse ; alors que Kitty et Chatterton se sont vouvoyés durant toute la pièce, alors, surtout, qu'ils viennent d'échanger un « je vous aime », le dramaturge rebat brusquement les cartes en faisant entendre un tutoiement dans les *ultima verba* du héros :

CHATTERTON

Allez-vous-en… Adieu !

KITTY BELL, *tombant*

Je ne le puis plus…

CHATTERTON

Eh bien donc ! prie pour moi sur la terre et dans le ciel.

Ce n'est là qu'une hypothèse, mais il me semble que ce « prie » gagne à être mis en relation avec les *vous* du Quaker : l'un et les autres se suivent ; l'un et les autres créent une rupture par rapport au reste de la pièce ; l'un et les autres sont de nature à faire impression sur les spectateurs ; surtout, par le motif de la prière et l'identité du Quaker, ils sont l'un et les autres chargés d'une dimension religieuse. C'est ce dernier point qui me paraît le plus important et je crois qu'il peut conduire à poser les bases d'une lecture globale de la pièce : avec ce Quaker qui vouvoie et ce jeune homme qui tutoie la femme qu'il aime comme il tutoierait un ange, ce que suggère finalement Vigny, et telle sera la conclusion de cette modeste note, c'est que seul l'amour est véritablement sacré.

Étienne KERN

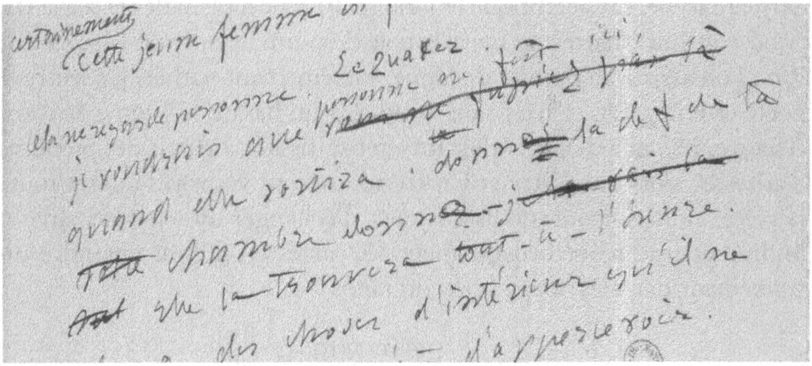

FIG. 1 – Détail (f° 25r°) du manuscrit autographe de *Chatterton*,
conservé à la Bibliothèque nationale de France (département des manuscrits,
NAF 23750) et consultable sur le site Gallica[18].

---

18   http://gallica.bnf.fr/ark:/12148/btv1b10522573g/f117.item

LORENZACCIO ET *CHATTERTON*, DEUX DRAMES INITIATIQUES?

Un théâtre initiatique existe-t-il, qui serait la transposition dramatique des modèles littéraires traditionnels de l'initiation? Les drames de Musset et Vigny, *Lorenzaccio* [1834] et *Chatterton* [1835], invitent à le penser. Porteurs tous deux, en nombre suffisant pour être signifié, des marques archétypales de l'initiation, éléments structurels ou symboliques divers et invariants relatifs au genre, les deux drames semblent mettre en scène non seulement la quête et le parcours, mais encore l'échec initiatiques de leurs héros éponymes. Les nuances et variations qui distinguent les deux drames ne sauraient masquer la trame archétypale qui les rapproche fondamentalement l'un de l'autre et révèle en creux la présence initiatique : deux jeunes héros perdus dans le monde, étrangers parmi les hommes, questionnent leur raison d'être sur terre et tentent de se déterminer sur les plans identitaire et social. L'un doit résoudre « l'énigme de [sa] vie[1] », l'autre, « homme spiritualiste étouffé par une société matérialiste[2] », doit trouver le moyen de conserver sa dignité de poète et de survivre à l'hostilité d'un monde qui abandonne à sa misère tout ce qui n'a pas de raison mercantile d'être. Tous deux sont accompagnés de guides et tous deux sont confrontés à ces mêmes épreuves que tout novice ou héros initiatique doit traverser au long de son parcours, et qui éprouvent ses forces dans un but de purification et d'élévation de son être.

Un an seulement sépare la rédaction des deux pièces, et dans le contexte post-révolutionnaire de remise en question historique, sociale,

---

1   Alfred de Musset, *Lorenzaccio*, *Théâtre Complet*, éd. Simon Jeune, Paris, Gallimard, coll. « Bibliothèque de la Pléiade », 1990, III, 3, p. 205. Désormais, toutes nos références au drame renverront à cette édition.

2   Alfred de Vigny, « Dernière nuit de travail », *Chatterton*, *Œuvres complètes* éd. François Germain et André Jarry, coll. « Bibliothèque de la Pléiade », t. 1, 1986, p. 759. Désormais, toutes nos références au drame renverront à cette édition.

mais aussi personnelle[3], qui fut celui de leur création, l'hypothèse que
Musset et Vigny aient respectivement tenté de reproduire, sur le plan
du drame et à travers la crise initiatique de leurs héros, la réalité plu-
rielle de la crise qui agite leur siècle et les tourmente eux-mêmes, nous
paraît être une piste éclairante. Partiellement délaissé ou dénaturé par
la littérature depuis le début de la Renaissance[4], l'archétype initiatique
revient d'ailleurs marquer avec une vigueur nouvelle la poésie et la
prose romantiques du XIXe siècle. Le regain d'attrait pour le Moyen
Âge, producteur essentiel de cycles épiques et de romans d'initiation
explique sans doute partiellement que l'on renoue alors avec les symboles et les motifs qui façonnent la littérature de ce passé longtemps
désavoué, parenthèse prétendument régressive de l'histoire en laquelle
les romantiques voient pourtant l'occasion d'un renouveau esthétique
et une source d'inspiration neuve. Quand les *Bildungsromans* fleurissent
en Allemagne depuis la fin du siècle précédent, la création poétique
devient pour les premiers romantiques du cercle d'Iéna l'acte initiatique
par excellence, don de révélation et d'expression du Sacré, auxquels seuls
peuvent prétendre les poètes qui « au-delà de toute acquisition technique,
[sont] initié[s], au sens rituel du terme[5] ». Dans le même temps, une assez
large production romanesque paraît en France, dont Léon Cellier puis
Simone Vierne s'appliquent à révéler la dimension initiatique :

> En ce qui concerne le romantisme français, L. Cellier a bien montré que les
> romans avaient pris la suite des épopées de la quête et pouvaient à juste titre
> être considérés comme des romans initiatiques. Il en fait la démonstration
> convaincante à propos de *Consuelo*, de G. Sand, et de *L'Homme qui rit*, de
> V. Hugo. […] Nous en avions donné un autre exemple en analysant *Laura*, de
> G. Sand. Au surplus, comme le remarque L. Cellier, il n'est pas surprenant que

---

3   Crise dramaturgique pour Musset, qui deux ans plus tôt et après l'humiliation de l'échec
     cuisant de *La Nuit Vénitienne ou Les Noces de Laurette* a dit « Adieu à la ménagerie, et pour
     longtemps », et pris la décision de ne plus porter à la scène ses écrits, désormais cantonnés
     à la seule lecture et au *Spectacle dans un fauteuil*. Crise psychologique pour Vigny. Il doit
     alors supporter le caractère irascible de sa mère paralysée, soutenir son épouse malade, et
     endurer les crises de Marie Dorval. *Chatterton* serait pour lui, selon la formule de François
     Germain, « une explosion de toutes les rancunes accumulées contre les événements et les
     hommes » mais aussi « une crise libératrice […], la plus grave peut-être qu'il ait jamais
     traversée » (Introduction de *Chatterton*, Paris, Garnier-Flammarion, 1968, p. 17).
4   Simone Vierne, *Rite Roman Initiation*, Grenoble, Presses Universitaires de Grenoble, 2000,
     p. 133.
5   *Ibid.*, p. 134.

les Romantiques dont le rêve commun est d'écrire le « poème de l'homme »,
soient amenés à retracer « l'itinéraire spirituel qui montre comment l'âme
accède, par une série d'épreuves, à un stade supérieur[6] ».

Mais Musset et Vigny avaient-il sciemment en tête, tandis qu'ils éla-
boraient leur drame respectif, les modèles de récits initiatiques anciens
et contemporains ? Si comme l'explique Simone Vierne l'initiation relève
d'une structure racine de l'inconscient humain, susceptible à tout instant
de « ressurgi[r] et [de] s'exprime[r] de façon plus ou moins voilée dans
les œuvres littéraires[7] », l'hypothèse d'un phénomène d'ordre intuitif et
involontaire, sans être à exclure, semble pouvoir céder le pas à celle de la
démarche consciente, déterminée du moins par les influences littéraires
qu'on connait aux deux dramaturges. Une étude plus générale de leur
œuvre respective révèle une présence initiatique plus ou moins marquée, qui va de la citation ou de l'effet d'allusion jusqu'à l'incorporation
de l'archétype. La trace de Goethe est sensible en effet chez Musset,
qui cite en Avant-propos de ses *Comédies et Proverbes* – quoique pour
en soulever la contradiction – un passage des *Années d'apprentissage de
Wilhelm Meister*[8], roman de formation à partir duquel Karl Morgensten
fonde le terme et la notion de *Bildungsroman*. Le modèle goethien est
à nouveau convoqué dans *Il ne faut jurer de rien*, proverbe dramatique
mais également comédie initiatique, qui met en scène la conversion
d'un dandy libertin aux vertus de l'amour et du mariage. Ailleurs,
c'est le souvenir rousseauiste de la *Nouvelle Héloïse* qu'on peut lire en
filigrane de *Frédéric et Bernerette*, où se mêlent à la tragique nouvelle les
accents du conte initiatique[9]. La large culture antique de Musset, et sa
connaissance approfondie des mythes et épopées nourrissent par ailleurs
son œuvre autant qu'elles fournissent à son inconscient des modèles et des
formes archaïques d'initiation. Quant à Vigny, il publie la même année
que *Chatterton* son roman *Servitude et grandeur militaires*, histoire d'une
désillusion mais aussi, selon Jordan Diaz-Brosseau, d'une « initiation

---

6   *Ibid.*, p. 138.
7   *Ibid.*, p. 5.
8   *Comédies et proverbes*, *Œuvres complètes*, éd. citée, p. 3 : « Goethe dit quelque part, dans
    son roman de Wilhelm Meister, "qu'un ouvrage d'imagination doit être parfait, ou ne
    pas exister". Si cette maxime sévère était suivie, combien peu d'ouvrages existeraient, à
    commencer par Wilhelm Meister lui-même ! »
9   Voir Sylvain Ledda, « Présentation », dans Alfred de Musset, *Nouvelles*, éd. Sylvain Ledda,
    Paris, Flammarion, coll. « GF », 2010, p. 43.

ratée[10] », qui transpose la forme anthropologique tripartite des rites de passage à la prose littéraire, jusqu'à faire émerger « une homologie entre le rite et le récit, puisque l'armée est justement un lieu de marge, entre le foyer et l'agora, où "l'individu s'expérimente autre pour devenir soi dans un nouveau statut[11]" ». Les épreuves qu'il traverse, couplées aux enseignements de ses guides, doivent amener le héros initiatique à conquérir ce statut renouvelé.

HÉROS INITIÉS, CORPS SUPPLICIÉS

L'initiation est transmutation. Pour Platon, s'initier, c'est aussi « apprendre à mourir », et la formule, reprise au cours des rites maçonniques, dit bien la jonction oxymorique du début et de la fin, du commencement et de l'accomplissement, de la naissance et de la mort, liés entre eux dès l'étymologie[12] et fondus ensemble jusqu'à l'indifférenciation symbolique. D'abord culturel, anthropologique, social, mais aussi religieux, le phénomène initiatique plonge ses racines dans les temps primitifs des sociétés archaïques et relève alors de la cérémonie ou série de rituels par lesquelles l'individu se transforme symboliquement, fait son entrée dans un nouveau groupe d'appartenance et renaît à un nouveau statut, ontologique, social et/ou religieux. Quand la littérature s'empare de ce canevas archétypal, l'initiation devient alors récit initiatique, qui met en scène le processus de recréation de soi d'un héros souvent jeune et en cours de personnification, lancé dans une quête du sens caché de la vie et de la véritable connaissance de soi. Cette quête se double alors

---

10 Jordan Diaz-Brosseau, « L'armée, livre des hommes : passeurs de symboles et personnages liminaires dans *Servitude et grandeur militaires* d'Alfred de Vigny », *Quêtes littéraires*, n° 9, 2019, p. 7.
11 Marie Scarpa, « Le personnage liminaire », dans V. Cnockaert, J.-M. Privat et Marie Scarpa (dir.) *L'Ethnocritique de la littérature*, Québec, Presses de l'Université du Québec, 2011, p. 180, cité par Jordan Diaz-Brosseau, art. cité, p. 7.
12 Sur ce point, voir Simone Vierne, *op. cit.*, p. 7, qui retrace les origines étymologiques du terme et constate la fusion du sens latin qui « indique seulement qu'il s'agit d'un commencement » et du sens grec qui renvoie, quant à lui, « à l'idée d'achèvement, de perfection ».

d'un parcours initiatique, itinéraire expérientiel d'évolution et inscrit dans la durée, fait d'épreuves à traverser, d'obstacles à surmonter et de souffrances à dépasser : ce parcours est le chemin symbolique et spatial que le héros doit emprunter et sillonner jusqu'à son terme s'il veut accéder à la connaissance totale de son identité et de sa place réelle dans l'ordre du monde.

Mais encore faut-il, pour « apprendre à mourir », s'exercer à la mort dès le séjour terrestre, et les épreuves et souffrances que traverse le héros initiatique participent de cet entraînement : la mort symbolique, « [...] rite de passage symbolisant la naissance de l'être nouveau[13] », s'impose dans la quête initiatique comme une sorte d'équivalent de ce qu'est la traversée des Enfers à l'épopée antique. Métaphoriquement meurtrière, cette douloureuse expérience n'anéantit et n'ensevelit l'être ancien du héros que pour permettre normalement une renaissance bénéfique et le réveil de son être nouveau. Tantôt morales et psychologiques, symboliques mais aussi physiques, souvent dangereuses, toujours éprouvantes, les épreuves initiatiques participent de la croissance et de l'élévation spirituelle du novice dont elles testent les résistances, mais aussi les capacités de dépassement et de résilience. Parmi ces épreuves, celles infligées au corps relèvent de l'invariant majeur, et leur présence marquée dans *Lorenzaccio* et *Chatterton* participe du possible rattachement des deux drames au genre initiatique. Ces épreuves physiques, en même temps qu'elles testent les résistances des deux héros, révèlent la singularité d'une esthétique romantique du corps, envisagé comme idéal fantasmatique d'un « au-delà de la matière[14] » *dès* et *dans* la matière même.

UN JEÛNE INITIATIQUE ?

Chatterton et Lorenzo sont maigres, et la raison paraît évidente : sans doute ils ne mangent pas, et renouent ainsi avec l'un des invariants favoris de l'archétype initiatique. Fréquemment imposé aux héros ou novices de quêtes et d'initiation, le jeûne marque très tôt les sociétés primitives et les religions, et est associé dans l'univers judéo-chrétien

---

13   Alain Gheerbrant et Jean Chevalier, *Dictionnaire des symboles : Mythes, rêves, coutumes, gestes, formes, figures, couleurs...*, Robert Laffont, coll. « Bouquins », 1997.

14   François Kerlouégan, *Ce fatal excès du désir. Poétique du corps romantique*, Paris, Honoré Champion, coll. « Romantisme et Modernités », n° 93, 2006 (*cf.* quatrième de couverture).

à la prière, à la communion, à l'acte de dévotion, ainsi qu'à certaines périodes que fixent les calendriers liturgiques[15]. Les trois grandes religions monothéistes l'associent à une idée de purification et de recréation profonde de liens, avec soi ou avec Dieu, censée renforcer l'unité entre le corps et l'âme, entre le profane et le divin, et favoriser une sorte de régénération de l'être. Simone Vierne révèle la constante de cette pratique ascétique dans l'initiation quelle que soit sa nature, épreuve de privation dont elle fait le corollaire logique de la mort symbolique :

> Le jeûne peut du reste aussi bien préparer à la technique d'extase, et ce fait est universellement attesté à chaque fois qu'on a affaire à des pratiques mystiques. [...] Ces pratiques de jeûne et de tabous, outre leur valeur pratique d'endurance, ont surtout une valeur symbolique ; les morts ne se nourrissent pas – en tout cas pas de la même façon, ni autant que les vivants[16].

Cette ascèse initiatique, Chatterton l'endure et la souffre, comme une privation partiellement volontaire : de riche et noble ascendance, il a renoncé à son héritage et à son nom pour endosser la condition d'un « ouvrier en livres » et fait le choix de ne plus vivre que par son travail. Entré en poésie comme on entre dans les ordres, avec toute la misère financière et sociale qu'implique le statut, « Chatterton malade, [...] Chatterton qui a froid, qui a faim[17] » vit ainsi dans le dénuement extrême d'une chambre « sombre, petite, pauvre, sans feu[18] » dont il a fait « la cellule d'un cloître[19] », et il dort sur « un lit misérable et en désordre[20] ». Mais surtout, il se meurt du « pain qu'on ne lui donne pas[21] » et affiche un corps maladif et prématurément dévitalisé, sur lequel Vigny insiste avec un soin particulier dès la présentation des « caractères et costumes ». Ce « jeune homme de dix-huit ans, pâle, énergique de visage, faible de corps, épuisé de veilles et de pensée » n'est pas sans

---

15 Voir Florence Ollivry-Dumairieh, : Implications théologiques d'une pratique dans le judaïsme, le christianisme et l'islam », *Théologiques*, n° 23, (Faculté de théologie et de sciences des religions, Université de Montréal), 2015, p. 110.

16 Simone Vierne, *op. cit.*, p. 28.

17 *Chatterton*, III, 1, p. 792.

18 *Ibid.*

19 *Ibid.*, I, 5, p. 773. La formule est reprise littéralement à *Stello*, publié par Vigny trois ans avant son *Chatterton*. Voir Alfred de Vigny, *Stello*, éd. Sophie Vanden Abeele-Marchal, Paris, Classiques Garnier, 2019, p. 129.

20 *Ibid.*, III, 1, p. 792.

21 « Dernière nuit de travail », *Chatterton*, p. 152.

évoquer le « petit corps maigre, ce lendemain d'orgie ambulant[22] » qui chez Musset est décrit par le duc à l'approche de Lorenzo. Marjolaine Forest, dans le cadre d'une étude de la corporéité scénique vue comme « somatisation du social » et envisagée comme occasion d'analyse sociocritique, rapproche de même avec justesse les deux protagonistes, qu'elle place ensemble sous le signe de l'inconsistance corporelle, voire de l'« invisibilité signifiante » :

> Lorenzaccio est un personnage que nul ne connaît pour ce qu'il est parce qu'il cache sa pureté derrière le masque de la débauche, mais peut-être aussi parce que nul ne le voit réellement : personnage qualifié de crépusculaire par la tradition solaire, il est bien plutôt un personnage transparent, et ce d'abord sur le plan physique. Chez Vigny, se révèlent des modalités similaires dans le traitement de la présence scénique de Chatterton, présence fondée elle aussi sur la défaillance du corps, bien que cette présence scénique précaire passe, pour ce personnage, par la faiblesse physiologique plutôt que par l'insignifiance, et bien que cette dernière s'observe pour le lecteur plutôt que pour le spectateur à travers la liste des *dramatis personnae*. Y est véritablement « donné à voir » Chatterton, [...] qui inscrit par son corps même la pièce dans la pensée politique de Vigny, différente de celle de Musset en ce qu'elle est plus fortement structurée par une idéologie aristocratique[23].

Plus implicite dans *Lorenzaccio*, l'épreuve du jeûne se devine pourtant, et tout laisse à penser que le héros se l'impose à lui-même dans une démarche volontaire. Cousin du duc de Florence, Médicis lui-même, buveur invétéré, « gris » à la moindre occasion, excessif dans sa sexualité, Lorenzo vit dans une abondance qui permet difficilement de justifier sa maigreur autrement que par la maladie ou la privation volontaire de nourriture. De tous les excès d'Alexandre, la voracité de celui qui juste avant sa mort confesse encore trivialement avoir « soupé comme trois moines[24] » semble bien le seul que Lorenzo n'ait pas daigné faire sien. Lui qui de son propre aveu aime désormais « le vin, le jeu et les filles[25] » fait curieusement silence sur son rapport à la nourriture et n'évoque jamais l'acte de s'alimenter que dans sa dimension la plus virtuelle, lorsque qu'il répète avec son maître d'armes la mise à mort

---

22 *Lorenzaccio*, I, 4, p. 152.
23 Marjolaine Forest, « La lâcheté n'est point un crime, le courage n'est pas une vertu », *Études littéraires*, vol. 43, n° 3, 2012, p. 61.
24 *Lorenzaccio*, IV, 11, p. 235.
25 *Ibid.*, III, 3, p. 205.

de son cousin, et dans un propos qui n'est pas sans évoquer une sorte de cannibalisme rituel[26] et sanglant :

> Meurs, infâme ! Je te saignerai, pourceau, je te saignerai ! Au cœur, au cœur !
> il est éventré. − Crie donc, frappe donc, tue donc ! Ouvre-lui les entrailles !
> Coupons-le par morceaux, et mangeons, mangeons ! J'en ai jusqu'au coude.
> Fouille dans la gorge, roule-le, roule ! Mordons, mordons, et mangeons[27] !

Mise pourtant sur le compte de la rancœur ou de la haine par Scoronconcolo : « Tiens, maître, crois-moi, tu maigris […] − crois-moi, il n'y a rien de si mauvaise digestion qu'une bonne haine[28] » ou sur celui d'une faiblesse physique inhérente au personnage par le duc, la maigreur du personnage, observée à la lumière initiatique, tend donc bien davantage à suggérer une sorte de jeûne spirituel ou d'anorexie mystique, symptomatique d'un esprit en crise et ouvert au désir de nourritures autres. Jacqueline Kelen, qui étudie les pathologies alimentaires à l'aune de la philosophie mais aussi de l'expérience mystique[29] ne dit rien d'autre lorsqu'elle assimile ce type d'abstinence ou de refus au besoin métaphysique, au désir de spiritualisation et à la quête de transcendance, difficile à mener dans ce « désert spirituel » qu'est la société moderne et que commençait déjà à être celle dans laquelle évoluaient et écrivaient Vigny et Musset. On se souvient ainsi des vers de *Rolla*, dans lesquels le poète crie sa colère contre Voltaire, le « vieil Arouet », et autres « démolisseurs stupides », philosophes des Lumières auxquels il reproche d'avoir assassiné le sacré et le religieux sur l'autel de la raison, mais aussi, selon le mot d'Esther Pinon, « d'avoir porté atteinte à un Christ déjà supplicié qui ne résiste pas à ce second martyre et y perd, semble-t-il, sa force rédemptrice[30] ». Armel Guerne dans *L'Âme*

---

26 À ce propos, voir Simone Vierne, *op. cit.*, p. 97. Simone Vierne explique que le cannibalisme, mais aussi les orgies rituelles et la chasse aux têtes, relèvent dans les initiations primitives de pratiques extrêmes et qui, en ce qu'elles transgressent toute règle et toute norme, imitent le comportement des dieux, et font temporairement du novice leur égal.
27 *Lorenzaccio*, III, 1, p. 188. Dans la mise en scène de George Lavaudant en 1989, Redjep Mitrovitsa qui campe le rôle-titre se laisse alors tomber à genoux et mime l'acte alimentaire en portant à sa bouche la chair virtuelle d'Alexandre.
28 *Ibid.*, p. 189.
29 Voir Jacqueline Kelen, *La Faim de l'âme : une approche spirituelle de l'anorexie*, Paris, Presses de la Renaissance, 2002.
30 Esther Pinon, *Le Mal du Ciel : Musset et le sacré*, Paris, Honoré Champion, coll. « Romantisme et Modernité », n° 159, 2015, p. 243.

insurgée rappelle de même les frustrations et aspirations profondément métaphysiques et sacrées de la génération romantique :

> Le romantisme était vraiment une façon d'être. Un combat pour la plénitude. Une bataille désespérée contre l'abdication capitale, contre ce vide désespérant qui laisse l'homme comme une viande douée de reflexes dès qu'il oublie son âme, dès qu'il quitte ses rêves, dès qu'il cesse de reconnaître et de nourrir [...] cette moitié divine dont il est composé et qui respire parmi les étoiles[31].

Cette crise de l'âme, « maladie morale et presqu'incurable », touche principalement, selon le Quaker, « les âmes jeunes, ardentes et toutes neuves à la vie, éprises de l'amour du juste et du beau, et venant dans le monde pour y rencontrer, à chaque pas, toutes les iniquités et toutes les laideurs d'une société mal construite[32] ». Le diagnostic tombe : « c'est l'obstiné Suicide », mal de la désillusion et gangrène de l'âme qui naissent de la confrontation de l'être pur et idéaliste à un monde qui n'est ni idéal ni pur. Lorenzo l'éprouve aussi, qui semble tomber en même temps que tombent ses illusions sur l'Humanité, « sa fiancée[33] », et déchoir à mesure que se découvrent à ses yeux des aspects de l'objet aimé jusqu'alors ignorés, expérience de glaçante désillusion dont il fait le récit à Philippe :

> J'entrai alors dans la vie, et je vis qu'à mon approche tout le monde en faisait autant que moi ; tous les masques tombaient devant mon regard ; l'Humanité souleva sa robe, et me montra, comme à un adepte digne d'elle, sa monstrueuse nudité. J'ai vu les hommes tels qu'ils sont, et je me suis dit : Pour qui est-ce donc que je travaille ? [...] j'attendais toujours que l'humanité me laissât voir sur sa face quelque chose d'honnête. J'observais... comme un amant observe sa fiancée, en attendant le jour des noces[34] !...

Sorte d'épiphanie négative, douloureuse et brutale, cette prise de conscience semble entraîner la chute de tout un monde d'illusions mais aussi transformer en profondeur les positions de Lorenzo face à sa résolution meurtrière, jusqu'à interroger les raisons qui la motivent encore : « Pour qui est-ce donc que je travaille ? », et surtout pour

---

31 Armel Guerne, *L'Âme insurgée, écrits sur le romantisme*, [1977], Paris, Le Seuil, coll. « Points essais », édition augmentée, préface de Stéphane Barsacq, 2011, p. 28.
32 *Chatterton*, II, 5, p. 790.
33 *Lorenzaccio*, III, 3, p. 202.
34 *Ibid.*

quoi, si ce n'est plus par amour ? Et Chatterton, inversant le propos, de questionner dans un mouvement bien similaire : « Eh ! cependant, n'ai-je pas quelque droit à l'amour de mes frères, moi qui travaille pour eux nuit et jour[35] ? ». À tous deux est retiré ce dont se nourrissent ceux qui par nature et dès leur première jeunesse « étrei[gnent] d'un amour immense l'humanité[36] » et ne se trouvent de sens qu'à travailler pour elle. La déception de l'amour participe de l'initiation, qui laisse sa marque indélébile jusque dans la chair, tombeau du cœur meurtri.

Motif récurrent dans l'œuvre de Musset, l'opposition binaire entre « l'âme et le corps, ces frères ennemis[37] ! », que double l'idée selon laquelle « le corps est la prison de l'âme[38] », est de plus à mettre en perspective avec l'hypothèse du jeûne initiatique en ce qu'elle présente un rapport au corps particulier, angoissé, de l'ordre de ceux qui motivent et gouvernent les anorexies mystiques et autres pratiques ascétiques. Esther Pinon met en évidence ce rapport de rivalité qui teinte l'œuvre de Musset, dans un propos qui n'est pas sans évoquer les conceptions et idéologies présidant à l'ascèse chrétienne :

> Si l'âme est sacralisée parce qu'elle est immortelle et évanescente à la fois, le corps, lui, paraît devoir être frappé du mépris réservé aux choses profanes, mépris auquel le vouent d'une part une solidité matérielle et concrète qui se confond aisément avec une pesanteur dégradante, et de l'autre la certitude que, soumis au temps, il est condamné à périr[39].

Appliquée à *Lorenzaccio*, l'expression d'un tel mépris du corps semble appuyer l'hypothèse du jeûne initiatique d'un héros qui délaisserait son être physique au profit de son être spirituel et de son âme, voire d'un héros qui oublierait ou nierait son corps, jusqu'à parfois le perdre, au cours de la grave crise spirituelle qu'il traverse et dans l'urgence qu'il y a à la résoudre.

Non moins significative, l'appellation « drame de la pensée[40] » dont use Vigny pour définir *Chatterton* ne dit pas moins, par le truchement d'une prévalence revendiquée de l'esprit sur l'action dramatique, celle de

---

35 *Chatterton*, I, 5, p. 773.
36 « Dernière nuit de travail », *Chatterton*, p. 29.
37 Alfred de Musset, « Namouna », *Poésies complètes*, p. 249.
38 Esther Pinon, *op. cit.*, p. 425.
39 *Ibid.*, p. 423.
40 « Dernière nuit de travail », *Chatterton*, p. 758.

l'âme sur le corps héroïque. Les deux héros, vignyen et mussetien, sont bien par nature des hommes de tête et de cœur, et les occurrences sont nombreuses, qui rappellent cette condition : Lorenzo est un « rêveur [...] un philosophe, un gratteur de papier, un méchant poète[41] » et un « pauvre amant de la science », qui trouve en Chatterton, homme de « la rêverie continuelle[42] » et du « labeur de la tête[43] », un semblable, un frère d'esprit plutôt que d'armes, tourmenté comme lui par « la passion de la pensée[44] ». D'ailleurs, le « froid » dont souffre ce dernier, s'il dit bien, au sens propre, l'inconfort – et l'épreuve – physique qu'impose la misère de sa chambre « sans feu », relève aussi d'un symbolisme proprement romantique, qui prend le corps refroidi à témoin de ce que l'esprit s'échauffe, constamment arborescent, jusqu'à la consomption de celui qui l'exerce en excès. Ce qui consume le spirituel éthéré gèle la matérialité de la chair qui le contient, curiosité moins thermique que métaphorique, dont François Kerlouégan soulève également la teneur métaphysique :

> [...] le froid – et tout ce qu'il convoque : incapacité, inefficacité – ne vient pas du corps, mais de la pensée. L'invasion généralisée du froid [...] traduit la progression d'une pensée dévastatrice, le déploiement excessif de l'esprit qui, niant le corps – et tout le règne matériel –, finit par le tuer. Autrement dit, à force d'exercer sa pensée, l'homme en oublie d'exercer son corps. Le froid est donc la manifestation des effets négatifs, sur la matière, de l'augmentation des désirs et des ambitions qui caractérise l'époque moderne [...]. L'atrophie physique est le revers inévitable de l'hypertrophie intellectuelle : le froid renvoie l'homme à sa pauvreté charnelle, à son insignifiance matérielle. [...] Si le corps romantique s'est refroidi, c'est un effet de son ambition démesurée d'avoir voulu éprouver l'infini. À vouloir brûler comme Dieu d'un feu inextinguible, l'homme romantique est réduit à faire l'épreuve du froid. Épris d'absolu, il est ainsi renvoyé à sa pitoyable matérialité[45].

Et la pâleur du corps, caractéristique des deux héros, vient redoubler ce symbolisme en fournissant à la froideur un contrepoint visuel, d'autant plus marqué qu'ils sont tout vêtus de noir, qui redit et rend directement observable la prégnance de l'esprit sur la chair. Ambiguë, la pâleur

---

41 *Lorenzaccio*, I, 4, p. 152.
42 *Chatterton*, I, 5, p. 772.
43 *Ibid.*
44 *Ibid.*
45 François Kerlouégan, *op. cit.*, p. 266.

CAROLINE LEGRAND

romantique veut révéler non seulement la sexualité rendue problématique par excès ou absence, mais surtout « l'activité dévorante de la pensée[46] », la supériorité intellectuelle du héros, « marque de son génie [qui] l'isole, le singularise, le *désigne*[47] ». Et si les « masques de plâtre, selon le mot de Lorenzo, n'ont point de rougeur au service de la honte[48] », ils ont du moins des larmes à celui de la douleur.

Car Lorenzo et Chatterton pleurent, ou se montrent capables en plusieurs endroits de témoigner de pleurs passés. Ce symbolisme des larmes, qui mêle ensemble âme et corps, « ces frères ennemis » et s'applique à révéler la première par le « miroir » physiologique du second, est également significatif. Non seulement les larmes, dépassant leur propre tabou, participent de l'initiation du corps masculin à ce qui lui est socialement interdit[49], mais encore, elles disent la douleur de l'initié aux prises avec les épreuves et les désillusions qui jonchent son parcours : Lorenzo qui a « versé plus de larmes sur la pauvre Italie, que Niobé sur ses filles[50] » aurait encore, de son propre aveu, « pleuré avec la première fille qu'[il a] séduite, si elle ne s'était mise à rire[51] », et Chatterton qui « pleure longtemps avec désolation[52] » puis « se met à genoux et pleure[53] », « fond en larmes[54] » une dernière fois, d'épuisement et de désespoir, quelques scènes avant de boire sa fiole d'opium. C'est que les pleurs, en même temps qu'ils prodiguent leurs bienfaits cathartiques, épuisent, et quand dans la mise en scène de George Lauvaudant, Redjep Mitrovitsa paraît pour la dernière fois, le regard autrefois perçant est désormais éteint, et les joues baignées de larmes disent les dernières forces physiques et morales dépensées à pleurer. Corps et âme, définitivement drainés, sont prêts à mourir.

---

46 *Ibid.*, p. 237.
47 *Ibid.*
48 *Lorenzaccio*, III, 3, p. 200.
49 Voir à ce sujet Marjolaine Forest, art. cité, qui détaille cette figure de l'homme qui pleure et dépasse « le tabou lié aux larmes masculines ». L'accent est cependant mis principalement sur la subversion sociale induite par ce motif.
50 *Lorenzaccio*, III, 3, p. 198.
51 *Ibid.*, p. 202.
52 *Chatterton*, III, 1, p. 794.
53 *Ibid.*, p. 795.
54 *Ibid.*

MAIGREUR ET USURE PHYSIQUE : LE CORPS ROMANTIQUE INITIÉ

Que leur condition physique affaiblie découle d'une forme de jeûne initiatique, d'une faim volontaire ou imposée, ou d'encore autre chose, elle rattache quoi qu'il en soit les personnages de Lorenzo et Chatterton à l'ensemble d'un courant traditionnel dans lequel l'épuisement et l'usure physiques participent de l'initiation et de la construction du héros romantique. Tout opposés et ennemis qu'ils soient chez Musset, âme et corps dialoguent cependant, mais encore, ils interagissent avec la société et le temps dans lesquels ils prennent place. En l'absence même de maladie proprement affirmée, les héros romantiques affichent ainsi un corps souvent dévitalisé et précocement vieilli, et ce dépérissement se veut à la fois le reflet de l'usure du psychisme et de celle de l'époque. Symboliquement, la maigreur semble donc impliquer la fusion des corps individuel et social et traduire tout à la fois les perturbations internes et externes, en faisant porter par le premier non seulement les maux de l'âme qu'il abrite, mais encore les maux collectifs du second. Le corps individuel éprouvé dit la douloureuse épreuve que traverse la société.

François Kerlouégan décrit ainsi un « nouveau type physique masculin [...] qui apparaît en France avec la figure de René et [qui] perdure jusqu'à l'avènement de la modernité », et de préciser : « De carrure frêle, le teint exsangue [...], la faiblesse de constitution et la pâleur constituent [...] les nouvelles marques du héros[55] ». Des exemples similaires de héros étiolés et maladifs, que les tourments intérieurs ont précocement dépouillés de leur chair ou privés des couleurs de leur jeunesse jonchent ainsi la littérature romantique, et quand il est fait allusion dans la pièce de Dumas à la pâleur et à la faiblesse d'Antony[56], le héros balzacien de *La Peau de chagrin* affiche quant à lui un physique fané, que ravage depuis l'intérieur une âme prématurément dépassionnée :

> Au premier coup d'œil les joueurs lurent sur le visage du novice quelque horrible mystère, ses jeunes traits étaient empreints d'une grâce nébuleuse, son regard attestait des efforts trahis, mille espérances trompées ! La morne impassibilité du suicide donnait à ce front une pâleur mate et maladive, un

---

55   François Kerlouégan, *op. cit.*, p. 237.
56   Voir Alexandre Dumas, *Antony*, [1831]. Le héros blessé demeure selon Adèle « triste, pâle ». Voir l'acte II, scène I, p. 67 de l'éd. Pierre-Louis Rey, Paris, Gallimard, coll. « Folio Théâtre », 2002.

sourire amer dessinait de légers plis dans les coins de la bouche, et la physionomie exprimait une résignation qui faisait mal à voir. Quelque secret
génie scintillait au fond de ses yeux voilés peut-être par les fatigues du plaisir.
Était-ce la débauche qui marquait de son sale cachet cette noble figure jadis
pure et brûlante, maintenant dégradée ? Les médecins auraient sans doute
attribué à des lésions au cœur ou à la poitrine le cercle jaune qui encadrait les
paupières, et la rougeur qui marquait les joues, tandis que les poètes eussent
voulu reconnaître par ces signes les ravages de la science, les traces des nuits
passées à la lueur d'une lampe studieuse. Mais une passion plus mortelle que
la maladie, une maladie plus impitoyable que l'étude et le génie, altéraient
cette jeune tête, contractaient ces muscles vivaces, tordaient le cœur qu'avaient
seulement effleuré les orgies, l'étude et la maladie[57].

Dévitalisé de même, le corps de Chatterton est, de son propre aveu
« dévoré dès l'enfance par les ardeurs de [s]es veilles[58] », et quand il se
montre « trop faible pour les rudes travaux de la mer ou de l'armée ;
trop faible même pour la moins fatigante industrie[59] », le corps de
Lorenzo fait pis encore, lui dont les mains sont « à peine assez fermes
pour soulever un éventail » et dont le visage morne « sourit quelque
fois, mais […] n'a pas la force de rire[60] ».

Le choix même des interprètes, « eux dont l'art difficile, dit Vigny,
s'unit à celui du poète dramatique, et complète son œuvre[61] », se prête
également volontiers à cette esthétique romantique du corps dévitalisé, et
vient nourrir notre herméneutique. Dans l'adaptation cinématographique
d'*Adolphe* de Benjamin Constant par Benoît Jacquot (2002), Stanislas
Merhar, qui campe le rôle-titre de ce jeune homme pris au piège d'une
relation sans flamme, affiche une apparence maladive et blême, si ce n'est
translucide, aspiré qu'il est d'un côté par l'amour étouffant d'Elléonore,
dévoré de l'autre par son propre sentiment de culpabilité vis-à-vis d'elle.
Ailleurs, Alain Ferral, dans la réalisation téléfilmique de Jean Vernier
(1970) prête à Chatterton sa haute silhouette svelte, et les traits anguleux
et pointus de sa physionomie. Plus significative encore dans *Lorenzaccio*,
la maigreur du personnage se mêle d'une androgynie poussée jusqu'à

57 Honoré de Balzac, *La Peau de chagrin*, [1831] éd. Nadine Satiat, Paris, Flammarion,
coll. « GF », 2013, p. 73-74.
58 *Chatterton*, I, 5, p. 773.
59 *Ibid.*
60 *Lorenzaccio*, I, 4, p. 152.
61 Alfred de Vigny, « Sur les représentations du drame joué le 12 février 1835 à la Comédie-
Française », *Œuvres complètes, op. cit.*, p. 816.

la limite de l'indifférenciation sexuelle qui lui doit d'être longtemps rattaché à la tradition théâtrale des rôles travestis. Florence Naugrette rappelle ainsi que « l'interprétation de Sarah Bernhardt inaugure une longue tradition, qui veut que l'on confie le rôle de Lorenzo à une femme[62] », et la première interprète du rôle, « beau brin de fil[63] » selon la formule de Dumas fils, érige elle-même en symbole et marque de fabrique sa propre maigreur, entretenue à travers un régime alimentaire aussi strict que frugal :

> « J'aime ma silhouette maigre », déclare-t-elle vers la quarantaine, et même elle combat les kilos superflus. Elle s'interdit de boire de l'alcool et chipote à table sous prétexte d'un appétit d'oiseau. Elle soigne sa ligne tout en cultivant l'image évanescente de la « Divine », que son ascèse personnelle préserve de toute tentation sybaritique. De la sorte, elle entretient une androgynie qui lui permet de jouer des rôles de travesti jusqu'à un âge avancé[64].

Non moins chétives, Renée Falconetti, qui endosse le rôle en 1927, puis Marguerite Jamois en 1945, perpétuent cette tradition en prêtant à Lorenzo, pour l'une, son « petit visage vert-de-grisé par l'insomnie » et l'aspect maladif de ses « pommettes saillantes, joues creuses, lèvres blanches, menton aigu[65] », pour l'autre, la féminité de sa « silhouette gracile[66] ». Celle, « féline et nerveuse » du « troublant Redjep Mitrovitsa », en 1986 puis 1989, achève de dérouter : la corporéité du rôle relève de la quasi-désincarnation, qu'il faut incarner tout de même, et elle ne participe plus alors de la seule initiation du héros, mais aussi, à plus d'un titre, de celle de l'acteur. Rappelons ici le propos de Florence Naugrette, qui observe que :

> Le drame romantique est – de nos jours encore – un défi aux acteurs, parce qu'il les contraint à sortir de leurs emplois traditionnels, et aussi parce qu'il

---

62 Florence Naugrette, *Le Théâtre romantique, Histoire, écriture, mise en scène*, Paris, Le Seuil, coll. « Points essais », 2001, p. 306.

63 Expression employée par Dumas en réponse à Émile Augier, qui parlait de Sophie Croizette comme d'un « beau brin de fille ».

64 Claudette Joannis, *Sarah Bernhardt : reine de l'attitude et princesse des gestes*, Paris, J'ai lu, coll. « Biographie », 2000, p. 84-85.

65 Robert Kemp, cité par Bernard Masson dans *Musset et le Théâtre intérieur, : Nouvelles recherches sur Lorenzaccio*, Paris, Armand Colin, coll. « Études romantiques », 1974, p. 274.

66 Florence Naugrette dans *Lorenzaccio*, éd. Florence Naugrette, Paris, Flammarion, coll. « GF », 2012, p. 258.

exige d'eux un métier exceptionnel et des capacités d'invention leur permettant d'harmoniser le sublime et le grotesque[67].

Le rôle de Lorenzo constitue vraisemblablement l'acmé de ce défi, qui demande à l'interprète de rendre dans sa chair propre l'atteinte physiologique du héros et de trouver le moyen d'exprimer par son corps une existence éthérée. Et si les considérations traditionnelles obligent à voir en cette corporéité problématique du héros romantique le reflet d'un tourment intérieur que ne parvient à rassasier l'âme seule, nous choisissons d'y lire plutôt, dans les cas de Lorenzo et Chatterton, et dans la perspective initiatique, un don du corps à l'âme en crise, une offrande de chair plus ou moins volontaire, bien plus qu'une transmission incurable des affections de l'une à l'autre et propagée « comme une fumée malfaisante[68] » et inéluctable, du cœur jusqu'au corps.

Remarquons enfin, comme ces corps s'inscrivent dans des structures dramatiques qui les réhaussent, par effet de contrepoint ou, à l'inverse, de contraste. On a dit l'excès dans lequel évolue le personnage de Lorenzo, que redouble encore sur le mode majeur, le drame lui-même, total et macrocosmique, et sujet d'une disproportion permise pour ce qu'il est censé demeurer « dans un fauteuil », c'est-à-dire ne pas être joué ni se voir imposer les limites de l'espace et des contraintes scéniques. Au milieu de ce drame aux proportions colossales, qui éclate les unités de lieu et de temps, multiplie les espaces scéniques et les tableaux, met en scène une foule nombreuse de personnages, le corps de Lorenzo se détache nettement et montre sa carence par effet de contraste. Il est l'incarnation du manque au milieu du tableau des excès. Chez Vigny, une esthétique tout-à-fait contraire produit un effet suggestif similaire, et Chatterton affiche son corps décharné dans un drame qui le redouble structurellement par son propre dépouillement, et dont le dramaturge lui-même revendique le synthétisme :

---

67 Florence Naugrette, *Le Théâtre romantique. Histoire, écriture, mise en scène*, op. cit., p. 95.

68 Voir les propos de Marie à l'acte I, scène VI, qui déplore la beauté fanée de son fils et lui donne une origine interne et morale : « Ah ! Catherine, il n'est même plus beau ; comme une fumée malfaisante, la souillure de son cœur lui est montée au visage. Le sourire, ce doux épanouissement qui rend la jeunesse semblable aux fleurs, s'est enfui de ses joues couleur de soufre, pour y laisser grommeler une ironie ignoble et le mépris de tout », *Lorenzaccio*, p. 160.

Une idée qui est l'examen de la blessure de l'âme devrait avoir dans sa forme l'unité la plus complète, la simplicité la plus sévère. S'il existait une intrigue moins compliquée que celle-ci, je la choisirais. L'action est assez peu de chose pourtant. Je ne crois pas que personne la réduise à une plus simple expression que moi-même je ne vais le faire : – C'est l'histoire d'un homme qui a écrit une lettre le matin, et qui attend la réponse jusqu'au soir ; elle arrive, et le tue[69].

Chatterton, presque dématérialisé, inscrit la ligne sylphidique de son corps dans la lignée simple et épurée du projet vignyen : parmi les rougeauds visages et les « joues orgueilleuses, satisfaites, et pendant sur une cravate dorée[70] », les embonpoints bourgeois et les démarches appesanties par « l'aplomb de [la] richesse[71] », parmi les corps des John Bell et autres Lord Beckford, la silhouette de l'« homme spiritualiste » étouffe bel et bien[72].

LE CORPS-ACTION, OU L'ÉPREUVE DU DÉPASSEMENT PHYSIQUE

S'initier, c'est aussi éprouver les limites de ses forces physiques, et les transcender. Le corps initiatique est donc également un corps de l'action et de l'autodépassement, et les divers sursauts énergiques, démonstrations de force ou emportements violents relèvent de même de l'épreuve physique, et sans doute aussi morale lorsqu'ils poussent par exemple Lorenzo à surmonter la répulsion que lui inspirent les armes, pendant ses entraînements à l'épée. Quand il dépasse cette aversion d'un côté, le héros transcende de l'autre sa condition physique chétive et maladive, et la scène I de l'acte III révèle une démesure de l'effort physique qui le conduit jusqu'à l'évanouissement. On comprend la violence de la démonstration à travers les interventions de Scoronconcolo, lequel voit un « vrai tigre [qui] rugi[t] comme une caverne pleine de panthères et de lions[73] » en celui qui confessera pourtant plus loin n'être « pas plus gros qu'une puce » face au « sanglier[74] » qu'est Alexandre. Épreuve d'endurance et

---

69   « Dernière nuit de travail », *Chatterton*, p. 758-759.
70   « Caractères et costumes », *Chatterton*, p. 761.
71   *Ibid.*
72   Voir « Dernière nuit de travail », *Chatterton*, p. 759 : « J'ai voulu montrer l'homme spiritualiste étouffé par une société matérialiste, où le calculateur avare exploite sans pitié l'intelligence et le travail. »
73   *Lorenzaccio*, III, 1, p. 119.
74   *Ibid.*, p. 122.

de force, la scène peut se rattacher aux « tortures initiatiques[75] » dont
parle Simone Vierne, qui passent par la mise à l'épreuve extrême du
corps et de ses résistances et participent ainsi de la purification de l'initié.
L'ethnologue Josiane Coquelin, lorsqu'elle étudie les différentes formes
que peut recouvrir l'initiation selon la société qui la pratique, n'insiste pas
moins sur le caractère nécessairement cruel et douloureux de l'épreuve,
devenue rite initiatique dans cette version anthropologique et sociale :

> Les rites d'initiation, en général, doivent produire des gens hors du commun.
> C'est pour cette raison que toutes les sociétés pratiquant ces rites infligent
> au corps de la souffrance, l'individu imprime ainsi à son corps une mémoire
> durable. Les gens adhèrent d'autant plus fortement à une institution que
> les rites initiatiques qu'elle leur a imposés ont été sévères et douloureux[76].

Conduisant par ailleurs Lorenzo à la lisière du délire puis à l'évanouissement,
la scène semble pouvoir renvoyer également à certaines pratiques cha-
maniques que l'effort physique doublé du jeûne mène à la transe :

> Les chamans, puisqu'ils sont dans un état d'inconscience, nous l'avons vu, ne
> se nourrissent pas. Le jeûne peut du reste aussi bien préparer à la technique
> d'extase, et ce fait est universellement attesté chaque fois qu'on a affaire à
> des pratiques mystiques[77].

Observées à cette lumière, les paroles mêmes de Lorenzo, saccadées,
haletantes, presque convulsives, prennent une allure incantatoire, tantôt invocations adressées aux forces supérieures : « Ô soleil ! soleil ! »,
« Ô ma vengeance ! », « Ô dents d'Ugolin ! », tantôt formules presque
conjuratoires : « Lâche, lâche – ruffian – le petit maigre, les pères, les
filles – des adieux, des adieux sans fin – les rives de l'Arno pleines
d'adieux[78] ! ». On imagine volontiers sur la scène un jeu proche de la
transe, de l'ordre de celui préconisé par Antonin Artaud qui veut que
la puissance de jeu de l'acteur ramène le théâtre à sa dimension métaphysique et mystique, et que son jeu corporel soit une célébration des
« forces cosmiques » et sacrées.

---

75 Simone Verne, *op. cit.*, p. 32.
76 Josiane Cauquelin, « Société et rites de passage », *Les Cahiers du Musée des Confluences.
    Revue thématique Sciences et Sociétés du Musée des Confluences*, n° 6, 2010, p. 32.
77 *Ibid.*, p. 28.
78 *Lorenzaccio*, III, 1, p. 188.

La mise à l'épreuve du corps par la douleur est de même explicitement valorisée par Vigny, qui dans *Servitude et grandeur militaires* en fait la condition de l'initiation du soldat, qui hisse selon lui celui qui l'endure au-dessus de l'humanité ordinaire : « Les souffrances du corps mettent les hommes de guerre au-dessus des autres hommes. Comme l'état de mère avec ses douleurs élève la femme au-dessus de tous les hommes[79] ». Dans *Chatterton* cependant, les épreuves du corps ne s'étendent pas à un déploiement d'énergie d'une envergure comparable à celle mise en scène dans *Lorenzaccio*. Vigny procède tout de même, à travers ses indications scéniques, d'une pantomime marquée, d'un « métaphorisme cinétique voulu[80] », caractéristiques de sa dramaturgie, et au travers desquels il tente de donner corps aux « situations existentielles fondamentales[81] » qu'il met en scène. Chatterton manifeste ainsi par son corps certains emportements, brusques sursauts énergiques qui tranchent avec l'abattement physique qui le caractérise plus largement, autant qu'ils le transcendent. Contrastant avec les occurrences didascaliques qui disent le chancèlement ou le besoin d'appui (« tomber assis, abattu, s'appuyer sur, soutenu par, à genoux »…) certaines autres, concentrées pour la plupart dans l'acte II, manifestent au contraire l'impatience, l'indignation ou « l'effort de volonté[82] ». Le héros s'emporte tantôt « avec un élan violent[83] », et se lève tantôt ailleurs « avec une agitation involontaire ». Plus loin, il se retire « en fuyant[84] » après avoir laissé éclater son désespoir, « rentr[e] comme un fou[85] », se « jette dans un fauteuil[86] », se « lève vivement[87] », puis monte « à grands pas l'escalier de sa chambre[88] », enthousiaste d'aller se mettre « à l'ouvrage ! à l'ouvrage[89] ». Tout « faible de corps » qu'il est, le héros sait manifester par endroits une énergie et une vigueur physique qui, alignées sur les élans du cœur et de l'âme, « trahissent des émotions

---

79 *Servitude et grandeur militaires*, dans *Œuvres complètes*, éd. citée, t. 2, p. 881.
80 Laurence M. Porter, « La symbolique du corps dans le théâtre d'Alfred de Vigny », *Romances Notes*, vol. 20, n° 3, 1980, p. 335.
81 *Ibid.*
82 *Ibid.*, p. 337.
83 *Chatterton*, I, 5, p. 771.
84 *Ibid.*, II, 4, p. 786.
85 *Ibid.*, p. 787.
86 *Ibid.*, p. 788.
87 *Ibid.*
88 *Ibid.*
89 *Ibid.*

trop fortes pour rester cachées dans le for intérieur[90] [...] ». Moins nette dans le drame vignyen que dans *Lorenzaccio*, la mise à l'épreuve des forces physiques passe tout de même par ces modalités d'expression, qui poussent à leurs limites les capacités du corps du héros et révèlent une vigueur que par ailleurs on ne lui soupçonnerait pas. Le corps, instrument d'initiation empirique, est donc soumis à rude épreuve chez Musset et Vigny. Sujet tantôt privé, tantôt dépassé, toujours malmené, le corps initiatique redouble les épreuves psychiques qu'endure le héros autant qu'il matérialise dans sa chair son processus de quête.

FAILLITE DES GUIDES INITIATIQUES

Le jeune homme fait face au vieillard : « réveillé de ses rêves[91] » et « connai[ssant] la vie[92] », il contemple depuis ses vingt et quelques années un sexagénaire qu'il sent sur le point de commettre les erreurs dont lui-même s'est déjà rendu coupable : « C'est parce que je vous vois tel que j'ai été, et sur le point de faire ce que j'ai fait, que je vous parle ainsi[93] », assure-t-il. Un an plus tard, la voix d'un autre jeune homme, plus jeune encore, s'élève et proteste : « Enfant ? non... j'ai vécu mille ans[94] ! », et le vieillard qui reçoit la confidence, mi-admiratif mi-compatissant, de reconnaître en cet être « trop vite muri sous les ardeurs de la poésie[95] » un « esprit expérimenté [et] vieux comme le [s]ien[96] ». Rôles et schèmes relationnels s'inversent : ces très vieux jeunes hommes semblent ne rien avoir à apprendre de ceux que le destin plaçait sur leur route pour les guider et les enseigner. Pourtant, « le novice ne peut jamais conduire lui-même sa propre initiation[97] », affirme Simone Vierne, qui par la suite explique :

---

90   Laurence M. Porter, art. cité, p. 333-334.
91   *Lorenzaccio*, III, 3, p. 201.
92   *Ibid.*
93   *Ibid.*
94   *Chatterton, Œuvres complètes*, I, 5, p. 771.
95   *Ibid.*, p. 789.
96   *Ibid.*, p. 771.
97   Simone Vierne, *Rite Roman Initiation*, Grenoble, Presses Universitaires de Grenoble, 2000, p. 70.

Et cela ne saurait nous étonner si nous songeons que l'initiation est, selon le titre qu'a donné M. Éliade à son livre, une « naissance mystique », l'acquisition d'une âme, la connaissance du divin. Cette expérience ne peut naître *ex nihilo*, il faut que celui qui a déjà la puissance la communique à celui qui en est encore dépourvu[98].

C'est pour communiquer et transmettre cette connaissance et bien d'autres encore, mais aussi pour accompagner le héros ou novice sur son chemin d'apprentissage et de renaissance que la guidance initiatique intervient. De la manifestation providentielle à la figure du sage ou de l'ermite, en passant par celle de l'innocent ou du pur, elle peut s'affirmer sous des formes diverses, et impose auprès du héros qui s'initie une figure de modèle, de maître, voire de « père initiatique », car « ce guide, surtout lorsque les initiations ont gardé un symbolisme plus net de naissance, est considéré comme le second père – et dans les initiations féminines, la femme qui initie est appelée "mère[99]" ». Essentiels à la bonne réalisation de toute quête initiatique, ces guides ont des rôles d'accompagnants, qui doivent tester et mettre à l'épreuve le jeune en construction en même temps qu'ils lui livrent des leçons, lui partagent connaissances et expérience, et même parfois lui imposent des sanctions. Dans tous les cas, il s'agit pour eux d'aider et de favoriser l'éveil et la renaissance de celui qu'ils accompagnent. Plusieurs manifestations de la guidance sont perceptibles dans *Lorenzaccio*, une seule dans *Chatterton*, *a priori* analogues, à plus d'un titre, à celles que proposent les récits d'initiation. Mais elles se distinguent cependant des guidances traditionnelles par un certain nombre de malfaçons, et en réalité, ainsi contrefaits, les différents guides qui sont proposés aux jeunes héros s'imposent surtout par leur inefficacité et leur insuffisance : manquant gravement à leur devoir essentiel de modèle pour le novice, ils contribuent au contraire à sa chute.

LE PUR, LE PÈRE ET LE SAGE : FIGURES TRADITIONNELLES
DE GUIDANCE INITIATIQUE

La guidance divine semble absente dans *Lorenzaccio* et *Chatterton*, et la Providence démissionnaire, qui donne sa mission à l'un, insuffle son don à l'autre, disparaît ensuite et abandonne à leur sort ceux qui

98 *Ibid.*,
99 Simone Vierne, *op. cit.*, p. 79.

pourtant n'ont de cesse de se réclamer d'elle[100]. *A priori* douloureusement seuls sous ce même « ciel dépeuplé[101] » dont il est question
dans *Rolla*, descendus dans leurs propres profondeurs et dans l'Enfer
des hommes « sans cette fronde magique que les dieux plaçaient
dans la main d'Énée[102] », il ne reste aux héros qu'à se tourner vers
une autre forme d'assistance, inférieure puisque terrestre, dont les
personnages de Tebaldeo, de Philippe Strozzi et du quaker semblent
pouvoir endosser le rôle. Le premier s'affirme en pur et en idéaliste,
qui croit en la pureté, en la grandeur et en la beauté de l'art. Il est
aussi le personnage en retrait qui, indépendant, croit encore en la
liberté : « Je n'appartiens à personne, quand la pensée veut être libre
le corps doit l'être aussi[103] ». Défenseur des arts et des valeurs morales,
la passivité et la neutralité politique de celui qui répond simplement
« Je suis artiste, j'aime ma mère et ma maîtresse[104] » quand on lui
demande s'il est républicain ou s'il aime les princes, semblent par
ailleurs le protéger autant que l'ériger en une sorte de dernier rempart
préservant la cité de la totale déchéance. Il remplit *a priori* son rôle
de guide auprès de Lorenzo en lui présentant une voie possible : celle
de la pureté, voire d'une forme de sainteté, préservée et cultivée au
travers d'une vie contemplative, ainsi qu'un refuge et un remède au
malheur à travers l'art, la beauté, et le geste créateur qui, réalisé dans
la souffrance, transfigure la souffrance :

> [...] je dis que la poésie est la plus douce des souffrances, et qu'elle aime ses
> sœurs. Je plains les peuples malheureux, mais je crois en effet qu'ils font les
> grands artistes. Les champs de bataille font pousser les moissons, les terres
> corrompues engendrent le blé céleste[105].

---

100 Lorenzo qui fait à Philippe le récit de l'épisode du Colisée au cours duquel il reçoit/
    comprend sa mission, voit en cet « étrange serment qui s'est fait en [lui] » une élection
    divine et une manifestation de la Providence (III, iii, p. 199). Quant à Chatterton, c'est
    son don de poète qu'il pense devoir à Dieu : « Puissent les hommes pardonner à Dieu de
    m'avoir ainsi créé ! » (I, v, p. 773).
101 Alfred de Musset, *Poésies complètes*, édition établie et annotée par Maurice Allem, Paris,
    Gallimard, coll. « Bibliothèque de la Pléiade », 1933, p. 274.
102 Marie-Joséphine Whitaker, *Lorenzo ou Lorenzaccio ? Misères et splendeurs d'un héros
    romantique*, Paris, Lettres modernes Minard, coll. « Archives des lettres modernes »,
    n° 240, 1989, p. 37.
103 II, 2, p. 168.
104 *Ibid.*, p. 169.
105 *Ibid.*, p. 168.

Incarnation dans le drame de Musset, selon Didier Alexandre, d'un martyr dont « la souffrance est rédemptrice », mais aussi d'« une troisième voie face à l'histoire et la déchéance des idéaux : [...] la conscience que la souffrance engendrée par la corruption nourrit les plus belles œuvres[106] », le personnage est rejoint par un autre, qui le redouble symboliquement, psychologiquement et philosophiquement autant qu'il le complète et le poursuit. Forme de guidance plus achevée du fait de son âge avancé, le personnage de Philippe Strozzi paraît à son tour endosser le rôle de guide auprès de Lorenzo, et quand le quaker en fait autant auprès de Chatterton dans le drame vignyen, les deux vieillards semblent s'apparenter auprès des héros à ce que Simone Vierne nomme un « père initiatique », ou encore à cette figure romantique de vieillard-guide traditionnel que décrit Maria Piwinska :

> Le jeune héros romantique est souvent accompagné d'un vieillard qui, loin d'être son adversaire, lui sert de guide parmi les ruines du monde. Il n'y a rien de particulier dans le fait que dans les ouvrages littéraires apparaissent des hommes de tout âge, mais on sent que le vieillard en question transcende le réalisme, qu'il incarne la vieillesse du siècle et la vieillesse du monde. Et il raconte la magnifique ancienne jeunesse du monde, et la sienne, il la raconte à un jeune homme qui n'est point magnifique, lui, et qui se sent vieux, parce qu'il vit sur des ruines. C'est le vieux monde qui parle par la voix des vieillards, et les romantiques les écoutent longuement et avec plaisir[107].

Orphelins de père tous deux, Lorenzo et Chatterton trouvent de plus respectivement en Philippe et chez le quaker une figure paternelle, dépositaire, suppose-t-on, des codes de la virilité et susceptible de savoir conduire les étapes d'une l'initiation masculine. Intellectuel honorable, *paterfamilias* aimé et respecté de la famille Strozzi, Philippe se fait également père de substitution et référent masculin de Lorenzo, qui n'a comme entourage familial proche que les figures féminines de la mère et de la jeune tante, et c'est comme un véritable fils qu'il l'accueille chez lui. Soutien moral et affectif du héros, et seul à être dans la confidence de l'identité cachée du jeune homme et à connaître l'existence de cet « homme qui s'appelle aussi Lorenzo et qui se cache

---

106 Didier Alexandre, », *Littérature* n° 23, 1990, p. 130-131.
107 Maria Piwinska, « Le vieillard désespéré et l'histoire », *Romantisme*, n° 36, 1982, p. 5.

derrière le Lorenzo que voilà[108] », il est également seul à lui témoigner confiance et considération, seul à reconnaître et comprendre son acte, et seul à s'offusquer de sa fin indigne : « Eh quoi ! pas même un tombeau[109] ? ». Bernard Masson résume ainsi le rôle pluriel que tient le personnage auprès du héros :

> En transformant Philippe au gré des nécessités du projet dramatique, en lui donnant les cheveux blancs d'un vieillard et le cœur innombrable d'un père, Musset métamorphose une relation de complicité en une relation de paternité. Lorenzo, faute de pouvoir confier à sa mère un secret qu'elle ne pourrait porter, cherche un témoin susceptible de recevoir la confidence sans en faire usage contre lui. Scoronconcolo, parce qu'il est sûr et qu'il sera complice, en recevra une partie, Philippe la totalité. Besoin de partager un trop lourd secret, besoin d'un regard qui vous justifie dans l'existence, besoin d'un cœur assez large pour accueillir dans la joie le fils prodigue, besoin d'un témoin devant qui le velléitaire se lie solennellement les mains de telle sorte qu'il ne peut plus reculer ni même atermoyer, il entre un peu de tout cela dans la confidence capitale : « Quel abîme ! quel abîme tu m'ouvres ! », pourra dire Philippe, saisi de vertige ; mais il écoutera jusqu'au bout la terrible confession, et c'est là l'essentiel[110].

Chez Vigny, le quaker reproduit symboliquement et artificiellement cette position de *paterfamilias* : pour Kitty Bell, et ses enfants, il est « le bon quaker, [...] le meilleur ami que Dieu [leur] ait donné[111] », le père qui gronde « sa chère fille[112] » et la reprend sur « sa conduite[113] », et le grand-père sur les genoux duquel les enfants s'assoient. Chatterton est également « [s]on enfant[114] », et lui-même est le seul auprès duquel le jeune homme, dans son introversion maladive, se montre capable de confidence. *A priori*, il jouit sur les jeunes gens, comme Philippe, de l'autorité morale et intellectuelle de celui à qui l'âge et la sagesse donnent « toujours raison[115] » et qui se manifestent notamment à travers des leçons et enseignements dispensés au présent de vérité générale : « Il n'y a pas

108 *Lorenzaccio*, éd. citée, III, 3, p. 195.
109 *Ibid.*, V, 7, p. 251.
110 Bernard Masson, *Musset et le théâtre intérieur, : Nouvelles recherches sur Lorenzaccio*, Paris, Armand Colin, coll. Études romantiques, 1974, p. 181-182.
111 I, 1, p. 764.
112 II, 4, p. 784.
113 *Ibid.*, I, 1, p. 764.
114 *Ibid.*, I, 5, p. 772.
115 *Ibid.*, I, 1, p. 764.

de sagesse humaine[116] », explique-t-il à Kitty, tandis qu'à Chatterton, il enseigne que « la science universelle, c'est l'infortune[117] », mais aussi que « les hommes sont divisés en deux parts : martyrs et bourreaux[118] ». Gardiens symboliques d'un ordre de morale et de vertu qui semble n'avoir plus cours ni dans la Florence corrompue du XVIe siècle, ni dans le Londres matérialiste et individualiste du XVIIIe siècle, ils s'érigent ou sont érigés en modèles et en porte-voix des valeurs superlatives de liberté et de justice : Philippe est « le plus brave homme de Florence[119] » et « tant qu'il y aura un cheveu sur sa tête, la liberté de l'Italie n'est pas morte[120] », quand le quaker se fait le bienveillant confident-confesseur des uns, l'implacable directeur de conscience des autres. Avec de si vénérables figures, les types et les codes traditionnels de la guidance initiatique semblent *a priori* respectés.

L'AMBIGU, LE BAVARD, ET LE MALADROIT : UNE GUIDANCE DE MOLLE (IN)CONSISTANCE

Pères de substitution, confidents, regards bienveillants, cœurs compatissants, oreilles attentives… Philippe et le quaker n'en manquent pourtant pas moins de la consistance qu'exigerait leur rôle de guide. Philippe, moins qu'un gardien effectif, n'est tout au plus qu'un symbole de la liberté qu'il prétend défendre, et il s'avère en réalité être aussi faible et impuissant qu'il est philosophe et vertueux. Le quaker quant à lui est un pessimiste que double un maladroit, qui transmet aux autres son propre défaitisme, jusqu'à les en tourmenter. Quand les projets d'action du premier se perdent constamment dans les hyperboles, les répétitions et les métaphores exaltées d'un bavardage incessant : « Mais agir, agir, agir ! O Lorenzo, le temps est venu[121] », le second tient à ceux qu'il désire pourtant aider ou réconforter des discours davantage susceptibles de les désespérer. À l'enfant Rachel que les éclats de voix paternelle inquiètent, il explique à quel point son statut de fille la condamne à une vie de peurs : « De frayeur en frayeur, tu passeras ta vie d'esclave. Peur de ton

---

116 *Ibid.*
117 *Ibid.*, I, 5, p. 771.
118 *Ibid.*
119 I, 2, p. 143.
120 *Ibid.*, II, 1, p. 162.
121 *Ibid.*, III, 3, p. 195.

père, peur de ton mari un jour, jusqu'à la délivrance[122] », et c'est avec tout aussi peu de délicatesse qu'il informe Chatterton d'à quel point il compte d'ennemis dans le monde :

> Je t'aime parce que je devine que le monde te hait. [...] Tu ne sais seulement pas les noms des ennemis secrets qui rôdent autour de toi ; mais j'en sais qui te haïssent d'autant plus qu'ils ne te connaissent pas[123].

Ce faisant, il prend involontairement part au geste final du jeune homme, qu'il veut sauver mais dont « il aggrave [le] désespoir jusqu'à la déraison[124] » en le confortant dans une vision dont la noirceur dépasse encore toutes ses pires craintes. On voit comme ce guide correspond fort peu à la description que propose Jordan Diaz-Brosseau, qui à partir d'une analyse de *Servitude et grandeur militaires* de Vigny constate qu'il n'est pas rare de « retrouver [...] des figures de maître dans les écrits du poète romantique[125] », dont les enseignements prennent alors les allures de la maïeutique et de l'aporie, et dirigent leur pouvoir réflexif tout à la fois sur le personnage et le lecteur :

> Si maître il y a chez Vigny, ce n'est pas une figure de professeur transmettant un savoir à son élève. La vérité chez lui se présente sous la forme d'un « Drame de la pensée » et « le seul maître c'est celui qui daigne faire descendre dans l'homme l'émotion féconde, et faire sortir les idées de nos fronts, qui en sont brisés quelquefois [...] », comme il l'a écrit dans la « Dernière nuit de travail de Chatterton » (1834). Ce type de savoir prend la forme d'une maïeutique. [...] En ce sens, le maître prend la forme d'un passeur de symbole et d'un initiateur : il offre des fragments de vérités que le disciple réorganise selon ses besoins. Il y a transferts et dialogues entre le maître et l'élève, entre le poète et le lecteur[126] [...].

Point de maïeutique avec le quaker, mais des enseignements tranchés et des affirmations d'autorité, qui laissent peu d'occasion à qui les reçoit de découvrir et de formuler une autre vérité que celle qu'il énonce. Kitty n'a

---

122 I, 5, p. 770.
123 *Ibid.*, p. 772.
124 François Germain, Introduction à *Chatterton*, éd. François Germain, Paris, Garnier-Flammarion, 1968, p. 16-17.
125 Jordan Diaz-Brosseau, « L'armée, livre des hommes : passeurs de symboles et personnages liminaires dans *Servitude et grandeur militaires* d'Alfred de Vigny », *Quêtes littéraires*, n° 9, 2019, p. 44.
126 *Ibid.*, p. 45.

ainsi jamais d'autre avis que celui de son « ami [qui] a toujours raison[127] », et Chatterton sombre d'autant plus vite que cet ami influence ses pensées déjà bilieuses par des idées plus noires encore : le guide désillusionné, qui ne sait visiblement pas que « c'est un crime qu'[il fait], de venir chuchoter à l'oreille d'[un jeune garçon] des paroles de [vieillard][128] », est manqué au point de provoquer l'inverse même de ce à quoi sa mission tend.

Une ironie similaire apparaît dans *Lorenzaccio*, et Philippe lui-même, s'il ne contribue certes pas de manière si nette à jeter son protégé dans l'abîme, ne le retient pourtant pas de s'y jeter tout seul. Son échec se joue également en ce qu'il encourage au contraire Lorenzo, et avec enthousiasme, à poursuivre son chemin sur la voie mortifère et vaine sur laquelle il est engagé. Nulle tentative de dissuasion ou d'entrave à l'annonce du projet assassin qui eût peut-être offert à Lorenzo une chance de vouloir s'en détourner, nulle discussion non plus quant à la réelle portée morale de l'acte et quant à ses possibles répercussions sur le héros. Au troisième acte, Philippe ne parvient qu'à se réjouir de l'annonce que lui fait le jeune homme : il tuera le duc, et le tyran mort, la Liberté viendra, la patrie sera délivrée, et qu'importent les prédictions d'un Lorenzo qui pressent déjà l'inutilité politique de son acte tant que cet autre qui a pris « dans un but sublime, une route hideuse[129] » caresse les rêves de celui qui à force de passivité et d'inaction est noblement parvenu à accumuler « soixante ans de vertu sur [s]a tête grise[130] ». En encourageant le meurtre, c'est bien à nouveau vers la mort que le guide pourtant censé orienter dans la vie encourage le héros.

Non moins discutable est la guidance qu'incarne Tebaldeo, et il ne fait pas mieux que les deux précédents, celui qui au-delà de la « belle âme[131] » à laquelle on peut être tenté de l'apparenter révèle ses failles et surprend par une ambiguïté plus profonde, que fait remarquer Alain Heyvaert :

---

127 I, 1, p. 764.

128 Voir Perdican à Camille : « Savent-elles que c'est un crime qu'elles font, de venir chuchoter à l'oreille d'une vierge des paroles de femmes ? » dans *On ne Badine pas avec l'amour*, *Théâtre complet*, éd. citée, II, 5, p. 280.

129 III, 3, p. 201.

130 *Ibid.*, p. 198.

131 Voir Alain Heyvart, « La statue et le danseur : la belle âme et la création littéraire », *Romantisme*, n° 81, 1993, où l'auteur rapproche d'abord le personnage de la « belle âme » hegelienne, c'est-à-dire cette conscience pure et qui cherche à préserver sa pureté par la fuite et le refus de l'action.

Il est possible de voir en Tebaldeo un autre pur qui aurait trouvé dans l'art un compromis satisfaisant entre la pureté et l'action (création artistique); mais le rôle que Musset lui fait jouer est plus ambigu. Tebaldeo ne subit-il pas le même traitement que Bindo et Venturi? lui qui refusait de peindre une courtisane ne peint-il pas le duc, bien plus corrompu? lui qui affirmait qu'il tuerait le duc en cas d'offense ne tremble-t-il pas devant Giomo et Alexandre? Ne peut-on voir son rôle s'effacer peu à peu dans les manuscrits successifs de *Lorenzaccio*[132]?

C'est précisément dans cette ambiguïté que se joue l'échec de la guidance proposée par le jeune peintre, qui bien que revendiquant liberté et indépendance n'en vient pas moins à se compromettre, volontairement et involontairement, et à plusieurs niveaux. Il se vendait déjà une première fois, et vendait son art, lorsqu'il s'infiltrait dans la conversation de Lorenzo et Valori afin, – non sans arrière-pensée mercantile, suppose-t-on – de leur montrer son tableau. Il se compromet à nouveau lorsque, cédant à Lorenzo, il renonce à l'idéal de beauté morale qu'il vient pourtant de professer et accepte de venir au palais pour y peindre le duc. Et si une telle compromission semble lui être douloureuse (il tremble lorsqu'il réalise le portrait d'Alexandre[133]) autant qu'elle est nécessaire à l'artiste pour vivre, elle n'en demeure pas moins compromission et trahison des idéaux, si ce n'est en conscience, du moins en actes. La compromission du peintre se manifeste encore à un troisième niveau lorsque, réalisant le portrait d'Alexandre, il se fait complice involontaire du tyrannicide en lui donnant l'occasion de dérober la cote de mailles (acte II, scène VI). Dans la scène II de l'acte II, Lorenzo inverse les rôles avec la facilité qu'on lui connaît et met le jeune guide à l'épreuve, en le questionnant et en le poussant dans ses retranchements. Pis encore, il met en conflit les valeurs du jeune peintre et crée la dissonance cognitive chez ce dernier lorsqu'il lui fait justement observer que l'amour qu'il porte à son Dieu et dont il se réclame devrait selon toute logique le rendre capable d'accepter de peindre une de ses créatures, quand bien même elle se prostituât : « Ton Dieu s'est bien donné la peine de la faire : tu peux bien te donner celle de la peindre[134] ».

La guidance proposée ici n'est pas le modèle de comportement ni d'être au monde qu'elle devrait, et à bien des égards, le jeune guide

---

132 Alain Heyvart, art. cité, p. 45.
133 Voir le duc à l'acte II, scène VI, p. 184 : « Qu'as-tu donc, petit? est-ce que la main te tremble? tu louches terriblement ».
134 II, 2, p. 167.

qu'incarne Tebaldeo n'a pas cette « fermeté de caractère, [ce] courage tranquille, [cette] foi religieuse et esthétique que les sarcasmes de Lorenzo n'arrivent jamais à entamer ou à prendre en défaut[135] » et que lui prêtait Bernard Masson. Une telle idéalisation paraît excessive au regard de ce personnage dont tout indique finalement qu'il n'a que modérément le courage de ses propres principes, et qui ne suit lui-même les leçons qu'il dispense ou les idéaux qu'il professe que lorsqu'il n'y a nul risque à le faire : aussi ne reste-t-il fidèle à son idéal de beauté morale qu'à demi, quand il lui est sans danger de refuser de peindre la Mazzafira, pour se raviser par la suite, conscient qu'un même refus lui pourrait être préjudiciable si pour les mêmes raisons il l'opposait au duc. Qu'un tel guide soit insuffisant pour Lorenzo, qui en cerne trop rapidement les limites et les contradictions, on le conçoit aisément, et on le conçoit d'autant mieux que l'enseignement qu'il propose est précisément celui que ne peut ni ne veut entendre Lorenzo, celui qui veut « justifier l'existence du mal dans le monde[136] » en faisant de lui la condition de la création artistique. Philippe n'agit pas différemment lorsque, faisant du bien et du mal des conditions réciproques[137], il donne ainsi au mal un rôle à jouer suffisamment essentiel pour le justifier. Et tandis que le mal de Philippe révèle prétendument le bien, que celui de Tebaldeo crée prétendument le beau, les deux personnages justifient presque d'une même voix l'injustifiable, ou ce qui du moins n'a de cesse de l'être aux yeux de Lorenzo, ainsi qu'il semble l'exprimer lorsqu'il laisse éclater avec ironie :

> C'est-à-dire qu'un peuple malheureux fait les grands artistes. Je me ferais volontiers l'alchimiste de ton alambic ; les larmes des peuples y retombent en perles. Par la mort du diable ! tu me plais. Les familles peuvent se désoler, les nations mourir de misère, cela échauffe la cervelle de monsieur. Admirable poète ! comment arranges-tu tout cela avec ta piété[138] ?

C'est que la justification est plus que suspecte, et que Lorenzo n'ignore sans doute pas qu'il n'y a jamais qu'un pas de justifier à tolérer, et moins que cela encore de tolérer à cautionner. Tandis qu'ils justifient, Philippe et

---

135 Bernard Masson, *Musset et le théâtre intérieur*, *op. cit.* p. 218.
136 *Ibid.*, p. 219.
137 III, 3, p. 142 : « Le mal existe, mais non pas sans le bien, comme l'ombre existe, mais non sans la lumière ».
138 II, 2, p. 168.

Tebaldeo ne couvrent-ils pas, tout en se défendant de l'approuver, un mal
contre lequel l'utilité qu'ils lui prêtent les dispense bien trop commodément
d'agir ou de réagir ? Plus encore, en justifiant, n'est-ce pas plutôt leur propre
passivité que l'un et l'autre cherchent en réalité à [s']excuser ? La question
se pose, et on peut sans peine supposer que les lucidités combinées de
Lorenzo et Musset n'auront pas manqué d'y répondre, et que ce dernier
y sera d'autant mieux parvenu que son drame lui-même tient en quelque
sorte de la vaste entreprise de justification. *Lorenzaccio*, qui « pose la question
de savoir comment se donner les moyens d'agir efficacement dans la sphère
politique[139] » donne la réponse la plus pessimiste qui soit, fournissant
à Musset la preuve par l'exemple de l'inutilité de l'engagement et, par
extension, une justification à sa propre inaction. Le quaker de *Chatterton*,
n'agit-t-il pas d'ailleurs de façon similaire, lorsqu'il accepte, avec le si noir
défaitisme qui le caractérise, l'existence d'un mal qu'il marque du sceau
de la fatalité ? Prêter un caractère de fatalité aux choses est une occasion
certaine de dédouanement et de résignation, et la résignation elle-même,
une occasion certaine de ne point avoir à combattre ce qu'on dénonce.
Et non seulement le guide se résigne à la fatalité, mais encore, il veut y
résigner son élève, et faire de son propre renoncement, le renoncement
de l'autre : point d'issue, de bonheur, ni d'action possibles, puisque « les
hommes sont divisés en deux parts : martyrs et bourreaux[140] », et Vigny
lui-même organise son drame autour de cette catégorisation cruelle :

> S'il est un trait commun, en effet, à John Bell, Beckford, Talbot, Bale, Skirner,
> c'est qu'ils sont tous, consciemment ou non, des bourreaux. Les faibles, les
> pauvres, les femmes, sont pour eux des inférieurs à dominer, des objets dont
> ils se servent, ne serait-ce que pour s'élever à leurs propres yeux. Peu importe
> à cet égard qu'un patron traite ses ouvriers comme des machines, que des
> libertins considèrent une femme comme le simple enjeu d'un pari, ou qu'un
> critique ne trouve qu'une cible à sa méchanceté dans un poète de dix-huit ans.
> Tous disposent de cette force qui tient à la grossièreté du cœur et au mépris
> des autres. Chatterton et Kitty au contraire, le quaker aussi, n'était sa longue
> sagesse, sont condamnés au rôle de victimes par leur délicatesse native, par
> l'incurable faiblesse que leur impose une sensibilité trop fine, trop vive, trop
> facile à faire saigner, trop attentive au bonheur des autres[141].

---

139 Florence Naugrette, *Le Théâtre romantique. Histoire, écriture, mise en scène*, Paris, Le Seuil,
     coll. « Points essais », 2001, p. 219.
140 *Chatterton*, éd. citée, I, 5, p 771.
141 François Germain, Introduction à *Chatterton*, dans éd. François Germain, p. 15.

Catégorisation incomplète pourtant, et qui ne peut que boucher la vue du jeune garçon à qui on l'impose : avec moins d'un siècle et demi d'avance, Vigny pose curieusement deux des trois fondements sur lesquels le « triangle dramatique » de Karpman[142] prendra appui. Ce dernier, qui dépasse cette binarité et adjoint à la répartition des rôles interpersonnels celui du « sauveur », fait aussi savoir qu'il reste possible à chacun de sortir – ou même de n'y jamais prendre part – de ce schéma qui n'a rien de la boucle de fatalité qu'on peut croire, quand bien même une société tout entière s'édifierait et se justifierait par lui. Chatterton semble l'avoir bien compris, qui ne manque pas de répondre lucidement au vieux quaker que « la bonté d'un homme ne le rend victime que jusqu'où il le veut bien, et l'affranchissement est dans sa main[143] », et qui de surcroît prouve par son propre exemple et au prix de sa vie – et de celle d'une autre, qu'aucune naissance, ni aucune nature de cœur ou d'esprit ne condamnent jamais à aucun rôle, et que la frontière est mince, qui sépare les catégories auxquelles on voudrait réduire un homme :

> Dans le monologue, traitant de sa « destinée », qui change tout d'un coup pour le mieux, Chatterton s'interroge sur son malaise existentiel : « Et, à présent, pourquoi vivre ? Pour qui ?... Pour qu'elle vive, c'est assez... », raisonne avec générosité le jeune poète juste avant de lire le journal fatal, qui le pousse à se suicider provoquant ainsi la mort de sa bien aimée, Kitty Bell [...]. Honneur perdu, gloire disparue, âme vendue ont tous la préséance sur la vie de Kitty. Chatterton, victime de l'ironie dramatique, malgré ses doutes [...] passe en quelques secondes de « pourquoi vivre... Pour qu'elle vive » à « je vous dis adieu ! » Les jeux sont faits. L'ironie veut que Chatterton se livre au martyre et martyrise à la fois[144].

---

142 En 1968, Stephen Karpman élabore et théorise dans son article « Fairy Tales and Script Drama Analysis » une figure d'analyse des schémas de relation et de communication interpersonnelles, conçue selon une structure tripartite : les victimes, les bourreaux et les sauveurs se partagent un scénario typique, et justifient leur existence les uns par rapport aux rôles des autres. Karpman postule que ce schéma inconscient s'impose dans tout cas d'interaction déséquilibrée, de petite, moyenne ou grande échelle, mais également qu'il existe des moyens de s'en extraire ou de le refuser. Nous citons cet outil d'analyse transactionnelle pour ce qu'il nous paraît particulièrement applicable aux rôles qui se dégagent du drame de Vigny. Notons de plus qu'un hasard ironique veut que le quaker ne semble pas avoir conscience de l'existence dans le monde du rôle qu'il tente pourtant d'endosser et échoue à remplir, celui du sauveur.

143 I, 5, p. 771.

144 Janette Mcleman Carnie, « L'ironie et le coup de théâtre chez Vigny », *Bulletin de l'Association des Amis d'Alfred de Vigny*, n° 1, 2016, p. 48.

Justification de Tebaldeo et Philippe, défaitisme et résignation du quaker : deux parades au fond bien similaires, deux positions de complaisance, qui font le jeu de ce qu'elles se défendent d'approuver et qui participent toujours, bien plus qu'elles ne les combattent, à « toutes les iniquités et toutes les laideurs d'une société mal construite[145] » qu'elles prétendent dénoncer. Les limites des guides sont atteintes, et les novices s'engouffreront désormais dans la faille, jusqu'à s'y perdre.

GUIDE/GUIDÉ : L'INVERSION DES RAPPORTS, DES RÔLES ET DES ÂGES

Dans le drame de Musset comme dans celui de Vigny, une inversion des rapports guide/guidé s'opère rapidement. Dans la scène qui le confronte à Tebaldeo, Lorenzo qui questionne et pousse le peintre dans ses retranchements peut s'apparenter en quelque sorte à un enfant qui testerait les limites d'un parent, ou un élève celles du maître. Mais il atteint et pulvérise finalement ces limites, mettant le jeune guide en conflit entre ses actes et ses valeurs, et le discours de ce dernier, qui perd ainsi en substance et en force de conviction, échoue de fait à convaincre et à attirer le héros sur la voie qu'il propose.

Et lorsque le héros, enfin, invite Tebaldeo à réaliser le portrait d'Alexandre, c'est bien une ultime mise à l'épreuve, un défi provocateur doublé d'un avertissement qu'il semble lui adresser, et qui dit en creux : Viens donc vérifier de près ton principe. Viens, et vois si du vice incarné, ton pinceau tire le meilleur de ton art.

De cette confrontation, il ressort finalement que le prétendu pur ne s'apparente pas tant à ce « négatif du personnage » qui « est ce que fut Lorenzo[146] », que, sur le mode mineur, à un Lorenzo en puissance, qui commence à éprouver l'impasse à laquelle mènent certaines contradictions et à faire à son niveau l'expérience du péril de la compromission. Au jeune peintre, Lorenzo semble vouloir apprendre qu'il n'a « point de fond dans les principes, rien qu'un léger vernis[147] », et avertir Tebaldeo qu'il porte

---

145 *Ibid.*, p. 790.
146 Voir Didier Alexandre, « Florence *extra muros* : remarques sur l'espace dans *Lorenzaccio* », art. cité, p. 132 : « Dans l'action dramatique, ce jeune peintre est le négatif du personnage principal. Il est ce que fut Lorenzo : pour cette raison, il appartient au passé et se montre absent dans le présent ».
147 Nous déplaçons le propos tenu par Lorenzo dans la scène d'exposition à propos de « la médiocrité bourgeoise », éd. citée, p. 139.

en germes, *Tebaldeacccio*. Dans la mise en scène de Georges Lavaudant à la Comédie Française (1989), une ressemblance physique est d'ailleurs instaurée entre les deux personnages, qui souligne l'analogie : même longue silhouette mince, même chevelure brune rejetée en arrière, même jeunesse, même joues pâles et nues : les deux personnages se font face de part et d'autre de Valori, quant à lui richement vêtu de pourpre et portant la barbe, et si Tebaldeo (Loïc Brabant) affiche certes un teint moins cireux et des joues plus remplies que Lorenzo (Redjep Mitrovitsa), si les cernes gris n'ont pas encore plombé son regard, si sa chemise est encore blanche quand Lorenzo se vêt tout de noir, tout en lui dans cette scène semble déjà porter et vouloir annoncer les prémices d'une décadence... Et Lorenzo tente durement de l'en avertir. À travers sa démonstration implacable et sans complaisance, c'est un enseignement brutal que le héros délivre, qui veut apprendre à ce demi-pur, ce personnage moyen de la demi-mesure et du compromis qui ne s'avouent pas, ce qu'est la différence entre prétendre à un idéal et le servir vraiment. À Tebaldeo, Lorenzo apprend ainsi que les grandes idées ne composent pas avec la semi-obéissance à ce qui les contredit, qu'on renonce aux premières dès lors qu'on se résout à la seconde par sécurité ou facilité ; que l'idéal est entier ou bien n'est pas, que l'injustifiable ne se justifie pas davantage ; et surtout que les mensonges qu'on se sert à soi-même trouvent toujours leurs limites, et que s'il nous manque la lucidité pour les voir ou le courage de les admettre, il se trouvera toujours un autre que nous pour craquer le vernis de fausse sagesse qui les recouvre et nous y confronter.

Ailleurs, le jeune héros en construction devient aussi le modèle du vieux guide. Dans *Lorenzaccio*, il s'impose ainsi aux yeux de Philippe comme le combattant qui agit, ou du moins qui se prépare à l'action quand l'autre, paralysé et « dévirilisé par son indécision[148] », demeure « incapable de réagir aux provocations[149] ». L'insuffisance et l'incapacité de Philippe à s'imposer réellement comme un guide face à Lorenzo transparaissent tout particulièrement dans la scène III de l'acte III, dans laquelle le vieil homme se place en position d'infériorité face au héros, qu'il questionne comme un élève questionne son maître, jusqu'à ne plus se manifester bientôt que par des interventions plates et lapidaires,

---

148 Florence Naugrette, *Le Théâtre romantique : Histoire, écriture, mise en scène, op. cit.*, p. 219.
149 *Ibid.*

tandis que le jeune homme affiche une attitude d'homme d'expérience, qui dispense des leçons au présent de vérité générale : « Il y a plusieurs démons Philippe. Celui qui te tente en ce moment n'est pas le moins à craindre de tous[150] » et multiplie les avertissements, particulièrement visibles à travers l'occurrence du « prends garde » : « Prends garde à toi, Philippe, tu as pensé au bonheur de l'humanité[151] », « Philippe, Philippe, prends garde à toi[152] », « Prends garde à toi, Philippe, celui qui te le dit sait pourquoi il le dit[153] ». La scène dit aussi l'insuffisance et l'incapacité du vieil homme à comprendre celui qu'il doit guider et aider, lors même qu'il est le seul auquel ce dernier peut pourtant se livrer sans limites, sans réserve et sans censure. Lorenzo, qui ouvre alors à Philippe le secret de son intériorité et se répand, de tirades en tirades, en flots de paroles logorrhéiques, se heurte aux « Que veux-tu dire[154] ? », « Je ne te comprends qu'avec peine, et je ne sais pourquoi j'ai peur de te comprendre[155] » et autres « Que veut dire ceci[156] ? » du vieux républicain. Et cette scène de confession en même temps qu'elle révèle le secret projet, semble réaffirmer l'éternel décalage qui sépare le héros des autres. Philippe lui-même semble ressentir la distance, et lorsqu'il s'exclame « Quel abîme ! quel abîme tu m'ouvres[157] ! » il ne dit rien d'autre en effet que l'imperméabilité du jeune homme à sa compréhension, que le mystère d'un être impénétrable, que l'abîme qu'est le héros pour l'esprit, tout intellectuel qu'il est...

Cette insuffisance à tenir fermement son rôle de guide, le quaker la partage, qui s'il parvient à s'imposer face à Kitty comme une figure tutélaire et d'autorité ne réussit tout au plus qu'à maintenir une relation d'égalité avec Chatterton. Ce dernier, bien conscient de son statut privilégié – « Je vous vois indulgent pour moi, sévère pour tout le monde ; cela me calme un peu[158] », dit-il – est seul, avec John Bell, à s'autoriser à répondre au vieux quaker. En réalité, ce dernier n'est peut-être pas tant indulgent que décontenancé, face à ce jeune homme qui n'a même pas

150 III, 3, p. 197.
151 *Ibid.*, p. 198.
152 *Ibid.*
153 *Ibid.*, p. 204.
154 *Ibid.*, p. 197.
155 *Ibid.*, p. 198.
156 *Ibid.*
157 *Ibid.*, p. 204.
158 I, 5, p. 772.

dix-huit ans et pourtant déjà un « esprit expérimenté [et] vieux comme le [s]ien[159] ». Les rapports seraient de l'ordre de la plus stricte égalité, si à cet esprit et à cette intelligence prématurés Chatterton n'adjoignait encore la supériorité d'un cœur « pur et jeune comme celui de Rachel[160] », naïf et tendre comme celui d'un enfant, combinaison inattendue qui contribue à l'exceptionnalité d'un être qui a de quoi laisser perplexe, ainsi que le soulève François Germain :

> Sans doute, ce Chatterton qui unit l'innocence des enfants et la sagesse des vieillards n'a plus dix-huit ans. En vérité, il n'a pas d'âge ; et le cas humain se dilue peu à peu dans l'ampleur des symboles. Du moins nous offre-t-il, plus clairement que Kitty, la tragédie d'une âme, désadaptée parce qu'elle est trop belle, à qui la réalité ne réserve que des blessures[161].

Il ressort cependant que c'est tout de même la maturité de l'esprit, plus que la préservation du cœur qui impressionnent le plus, si l'on considère la preuve qu'en donne Kitty, qui bien que tout aussi innocente et naïve que le jeune héros, ne parvient pourtant pas à s'imposer face au quaker autrement que comme une éternelle enfant, que la simplicité du cœur semble à ses yeux rendre simple d'esprit également. Cette vieillesse intellectuelle et morale, Chatterton la partage encore avec Lorenzo. L'usage prédominant des temps du passé, dans la scène III de l'acte III sert d'ailleurs à ce dernier à faire état d'une jeunesse qui lui semble aussi lointaine et achevée que s'il était déjà vieillard, et participe également de la prise d'ascendant de ce vieux jeune homme « réveillé de [s]es rêves[162] » et « connai[ssant] la vie[163] » sur le vieil homme qui devrait le guider. Sylvain Fort fait de cette sorte de vieillesse morale et intellectuelle prématurée une caractéristique propre au héros romantique, qui le hisse au-dessus de l'humanité ordinaire :

> Dans le monde où vit le héros en puissance, la transcendance s'efface en effet pour laisser la place à une horizontalité médiocre et pauvre. Puisque l'individu désireux de s'illustrer, d'accéder à une existence non plus simplement sociale, mais historique, n'est pas porté par un idéal collectif, il doit se bâtir lui-même

---

159 *Ibid.*, p. 771.
160 *Ibid.*
161 François Germain, Introduction à *Chatterton*, dans éd. François Germain, p. 17.
162 III, 3, p. 201.
163 *Ibid.*

son statut. Cela exige de renouer avec des forces oubliées, de revenir aux sources du mythe et du sacré. C'est le sens des révélations de Lorenzo (III, 3) : par la profondeur, il a brisé l'horizontalité, le regard superficiel du commun. Il est allé plus profond et a mieux vu. Il est donc en droit de faire la leçon aux prêtres et aux vieux Florentins idéalistes[164].

Et Maria Piwinska, lorsqu'elle parle des écrivains romantiques, de résumer avec justesse une condition qui peut s'appliquer également à leurs héros :

> [...] on nous a appris que le romantisme c'était la jeunesse : mais c'est une jeunesse de fin du monde et obsédée de vieillesse. [...] Les romantiques [...] vivaient au bout du monde et des liens équivoques les rattachaient aux vieillards. Ils étaient plus vieux que les vieillards avant de se sentir jeunes[165].

Face à cette vieillesse prématurée, il ne suffit plus aux guides, pour s'imposer, de faire valoir la sagesse et l'expérience que l'âge mûr leur donne, et qui ne les hisse tout au mieux qu'à la même hauteur que celui qu'ils doivent enseigner et accompagner. L'optimisme naïf, voire la cécité déraisonnable qu'affiche Philippe le décrédibilise évidemment dans son rôle de guide, allant jusqu'à faire de lui une sorte de vieillard-enfant crédule, « qui n'eut dans sa vie qu'un tort, celui de ne pas écouter les leçons de sa propre lucidité et de vouloir passer outre[166] ». Philippe et Tebaldeo, obstinément arrimés à leurs illusions, le quaker, à son pessimisme noir, ils ne livrent tous trois que des leçons inutiles, et s'imposent finalement comme des guides manqués et fantoches, aux actions et aux discours dissonants, qui échouent à être pour le héros les modèles de comportement qu'ils devraient. Quand leur fausse sagesse leur permet certes de couvrir leurs propres limites, elle échoue cependant à orienter Lorenzo et Chatterton vers une voie dans laquelle ils pourraient se réaliser, pour à la place les conforter dans celle, sans issue, sur laquelle ils sont déjà engagés. Et les deux héros ne percevant que trop bien ces failles, ils inversent bientôt avec eux les rapports, et par là même avortent la guidance, schème relationnel et interpersonnel dans lequel il ne peut y avoir de guide que tant qu'il y a quelqu'un pour accepter de se mettre dans la position du disciple qui crée le maître. La guidance initiatique prend alors des allures de parodie, qui

---

164 Sylvain Fort, « Le héros et l'Histoire sur la scène romantique. La pesanteur et la disgrâce », *Littérature* n° 41, 1999, p. 177.
165 Maria Piwinska, « Le vieillard désespéré et l'histoire », art. cité, p. 6.
166 Bernard Masson, *Musset et le théâtre intérieur, op. cit.*, p. 217.

provoque l'inverse de ce à quoi elle tend et pousse la formule de Platon jusqu'à son plus cynique et sinistre paroxysme : apprendre à mourir ne suffit plus : s'initier, c'est désormais se suicider.

Les épreuves qu'endurent Lorenzo et Chatterton s'inscrivent dans la lignée directe de celles que traversent les novices d'initiation et héros de quête traditionnels. Avec ces deux pièces, Musset et Vigny doublent donc la scène romantique d'une scène initiatique qui dit à quel point l'archétype hante les esprits du siècle, au point de dépasser les genres narratifs dans lesquels il s'illustre traditionnellement pour investir le champ dramatique. Une telle rémanence n'est pas si étonnante si l'on considère, comme Mircea Éliade, que l'initiation relève d'un « psychodrame [...] répond[ant] à une nécessité profonde de l'être humain[167] » et dont Simone Vierne explique qu'il sait encore se manifester, sous une pluralité de formes, dans nos sociétés actuelles[168]. Mais s'ils se peuvent certes qualifier de « drames initiatiques » *Lorenzaccio* et *Chatterton* sont surtout deux drames de l'initiation manquée et de la quête échouée. Musset et Vigny s'en assurent bien, qui glissent dans le parcours de leurs héros respectifs, des erreurs et anomalies certes subtiles, mais des plus fatales, et qui semblent annuler presque d'emblée leurs chances de réalisation, voire prédéterminer leur chute : la guidance faible et fantoche qui leur est proposé y participe évidemment. Lorenzo et Chatterton, deux novices de quête ? Assurément. Deux initiés ? Rien n'est moins sûr : l'initié, par définition, est celui dont l'initiation a abouti, et qui a triomphé des épreuves. Héros de quêtes qui échouent, les protagonistes mussetien et vignyen demeurent fidèles à l'esprit pessimiste et mélancolique du temps qui les voit naître et de leurs créateurs respectifs. Point de renaissance à soi, point de transmutation, et au terme de ce parcours de douleur, le constat tombe comme un couperet : en Chatterton et Lorenzo, il n'y a guère de changé qu'une misère[169].

Caroline LEGRAND

---

167 Mircea Éliade, *Naissances mystiques*, Paris, Gallimard, 1959, p. 258-259.
168 Voir Simone Vierne, *op. cit.*, p. 141.
169 *Lorenzaccio*, V, 6, p. 250.

REVUE DES AUTOGRAPHES

Dans le prolongement de la chronique consacrée à la vente des archives Sangnier, nous consacrerons cette rubrique aux autographes et manuscrits de Vigny présentés lors des ventes Aristophil. La société Aristophil, qui proposait des investissements dans les autographes, et avait ouvert un beau Musée des lettres et manuscrits dans le VIIe arrondissement, est aujourd'hui en liquidation. La dispersion des trésors accumulés par Aristophil a commencé en décembre 2017 ; en décembre 2020, on comptait déjà plusieurs milliers de documents présentés au fil de quarante catalogues, abondamment illustrés (consultables en ligne ou téléchargeables : http://collections-aristophil.com/html/calendrier. jsp?t=p). On compte qu'il faudra encore deux ou trois ans pour terminer ces ventes et venir à bout de toutes ces richesses.

Malheureusement, la tendance que nous avions signalée dans notre chronique précédente se confirme : les grands bibliophiles ne s'intéressent plus à Vigny, et la plupart des manuscrits ou ensembles importants n'ont pas trouvé preneur, sans que les institutions profitent de l'aubaine pour enrichir leurs collections à bon compte.

Un recueil provenant de la collection Louis Barthou rassemblait 18 lettres de Vigny à Victor Hugo, entre 1820 et 1830, témoignage de l'amitié fraternelle entre les deux poètes [vente 11, n° 542]. Une autre lettre, du 25 mars 1831, dit son admiration pour *Notre-Dame de Paris* [17, 744]. Une lettre, probablement à Charles Nodier, du 24 janvier 1842, concerne la candidature de Vigny à l'Académie française [11, 543]. Le 12 avril 1849, Vigny réclame à son éditeur Charpentier des exemplaires de ses œuvres [17, 746].

L'importante collection consacrée à l'Académie française, rassemblée sur près de deux siècles par les marquis de Flers et parachevée par Philippe de Flers avant son acquisition par Aristophil, a fait l'objet de deux catalogues [ventes 24 et 25], dont le second présente de nombreux documents de Vigny. Le 18 août 1836, il raconte à Antoni Deschamps son séjour en Angleterre [25, 1159]. Le 30 janvier 1842, c'est le manuscrit de la fameuse relation de sa visite académique à Royer-Collard, qui sera insérée dans le *Journal d'un poète* [25, 1160]. En mai de la même année (le 20 ?), Vigny raconte à Victor de Laprade son échec académique : « depuis que je pense, j'ai une telle habitude de compter pour rien le tems présent et la Postérité pour tout que je me suis peu occupé, peut-être trop peu de ce qui s'est passé. La France n'attend pas pour s'enthousiasmer d'un nom qu'il soit inscrit à l'Institut. Mes ouvrages ne sont pas plus mauvais aujourd'hui et lorsque j'aurai été élu, je doute qu'ils en deviennent beaucoup meilleurs » ; et il fait allusion à *La Maison du Berger* : « Je viens d'écrire encore un nouveau Poëme et je l'ai mis dans une cellule du même couvent où sont les autres, jusqu'au jour où tous mes moines sortiront en procession » [25, 1161]. Trois lettres sont adressées à Victor Hugo, en février-mars 1844, entre deux scrutins [25, 1162]. Le 17 mai 1845, Hector Berlioz félicite Vigny de son élection à l'Académie : « Je ne vous ai pas encore félicité du fauteuil qui vient de vous tomber sur la tête. Cela rapporte de 16 à 18 cents francs par an ! et puis, à tout prendre, ce n'est pas absolument déshonorant ! Il y a d'autres grands poëtes qui ont eu à subir comme vous cet accident. Un académicien n'est pas tenu d'être plus bête *qu'un autre homme* (pour parodier le mot de votre Quaker) et si vous, Hugo, Lamartine et Chateaubriant voulez vous donner la peine de frotter ferme vos confrères, peut-être parviendrez-vous à les enduire d'un peu d'esprit, de sentiment poëtique et d'amour de l'art. Adieu, adieu, tout est pour le mieux dans la meilleure des académies possibles » [25, 872]. Une lettre du 2 février 1846 concerne la distribution des billets pour la séance de réception [25, 1163]. Le 27 avril 1854, à Ernest Legouvé qui veut se présenter à l'Académie, Vigny refuse de promettre sa voix et affirme : « J'ai toujours voté pour quelqu'un, toujours pour un écrivain, un homme de lettres véritable ayant des œuvres visibles, dignes d'éloges et de durée » [25, 1164]. Enfin, un lot rassemblait le brouillon d'une note pour le *Journal d'un poète*, une lettre à un poète concourant pour un prix académique (28 mai 1857), et un commentaire concernant une circulaire de Lamartine [25, 1163]. Le 19 mars 1844, dans la vingtaine de lettres adressées à ses amis Juste et Caroline Olivier, Sainte-Beuve évoque son élection à l'Académie : « Me voilà nommé et content, bien fatigué de ce torrent, très touché des témoignages universels. – Il y a eu vers la fin une espèce de *paix platrée* entre Hugo, Vigny et moi : cela a aidé l'élection de Mérimée. La mienne était assurée sans cela. – Me voilà enfin indépendant » [25, 1120]. Dans une lettre à Louis Ratisbonne, le 26 septembre 1866, Sainte-Beuve revient sur la réception de Vigny à l'Académie et fait le point sur l'affaire des discours : « Quant à voir dans M. Molé l'instrument d'une *vengeance politique*, je ne saurais vous dire à quel point cela me paraît chimérique » [25, 1123]. En janvier 1862, Baudelaire, après avoir cité Texier qui estime que « tous les littérateurs de quelque mérite doivent oublier l'Académie et la laisser mourir dans l'oubli », conclut ainsi son article *Une réforme à l'Académie* : « Mais les hommes tels que M. M. Mérimée, Sainte-Beuve, de Vigny, qui voudraient relever l'honneur de la Compagnie à laquelle ils appartiennent, ne peuvent encourager une résolution aussi désespérée » [25, 862]. Relevons encore une lettre du 25 mars 1857 dans un recueil de 450 lettres d'académiciens [24, 834].

Quant aux manuscrits, une page d'album, datée de mai 1839, présentait un fragment du poème *Le Déluge* [17, 745] ; une autre, de mai 1851, cinquante vers des *Amants de Montmorency* [17, 747 ; représentée 33, 112].

Il convient de s'attarder sur le manuscrit de *Stello* [33, 111]. Ce manuscrit de travail, provenant de la collection de Louis Barthou, relié en maroquin rouge, comprend 276 feuillets ; rédigé à l'encre brune au recto de grands feuillets de papier vélin, il est surchargé de ratures, corrections et additions (parfois sur des feuillets plus petits ajoutés), et témoigne d'un important travail d'élaboration et de remaniement. Plusieurs versos présentent quelques lignes biffées, correspondant à des débuts de page abandonnés. La numérotation et l'intitulé des chapitres ont donné lieu à des hésitations dont le manuscrit porte la trace. Une « Table » finale dresse la liste des 42 chapitres. Le manuscrit a servi pour l'impression du texte de la *Revue des Deux Mondes*, et aussi pour la composition de l'édition originale en ce qui concerne les chapitres ajoutés au texte primitif.

Du côté des livres, l'édition originale de *Servitude et grandeur militaires* présentait un envoi à Pauline Duchambge [10, 39]. Sur la septième édition de *Stello* (1856), Vigny a inscrit, le 23 octobre 1861, un envoi à l'abbé Gratry, « témoignage de la plus sincère admiration » [23, 460].

La belle édition d'*Éloa ou la Sœur des anges* illustrée par Maurice Denis (1917), tirée à 126 exemplaires, celui-ci étant celui du graveur Jacques Beltrand, enrichi de 104 planches de décomposition des couleurs, était habillée d'une reliure en vélin peint par André Mare [10, 69]. La précieuse édition de *Daphné* illustrée par François-Louis Schmied (1924), tirée à 140 exemplaires, était enrichie de deux gouaches originales, dans une reliure de Cretté ornée d'un grand décor émaillé de Jean Goulden [32, 172].

D'autres documents concernent Vigny. Un rarissime document d'Ambroise Paré mentionne un ancêtre de notre poète : le 4 janvier 1578, il confesse avoir reçu de Francois de Vigny, « receveur de la ville de Paris », un quartier de rente [31, 633]. De Nicolas Gilbert, un des personnages de *Stello*, on relève deux très rares autographes, une lettre et un poème (10, 134-135). Pierre Louÿs se moque des critiques (16 septembre 1910) : « les critiques ne comprennent jamais rien à leur époque. Vois le plus honoré d'eux tous […] Sainte-Beuve était convaincu qu'il y avait eu en France de grands classiques ; puis d'intéressants romantiques ; puis la fin de tout vers 1845. L'époque où il écrivait (1855-1870), c'était pour lui la pleine décadence. Et pour nous, c'est peut-être la plus brillante de notre histoire littéraire. Hugo (Légende, Contemplations, Misérables) – Michelet – Renan Vie de Jésus – Flaubert Bovary, Salammbô […] A. de Vigny (ses plus beaux poëmes). Tout ça, pour Sainte-Beuve, ce n'était rien » [11, 484]. Cocteau recommande à son amie Marie Scheikévitch la lecture du *Journal d'un poète*, « peut-être l'œuvre d'intelligence et de noblesse la plus haute que je connaisse » [27, 6]. Il encourage Montherlant pour sa réception à l'Académie (1ᵉʳ novembre 1962) : « La seule chose étrange c'est qu'on soit sous cette coupole qui refusait Chateaubriand Hugo Vigny Balzac et recevait des gens que ni vous ni moi ne connaissons et n'aurions voulu connaître » [11, 425].

Terminons, en dehors des ventes Aristophil, par quelques documents importants.

Dans la vente de la bibliothèque Tissot-Dupont, le 19 octobre 2016 (n° 553), le fameux agenda de 1838 est rédigé en partie en caractères codés. Vigny y consigne les épisodes de sa double liaison érotique avec Marie Dorval et Julia Dupré.

Le 26 avril 2017, puis à nouveau le 16 mai 2018, des souvenirs d'Augusta Bouvard provenaient de sa descendante, Yolande Froustey. Sur deux feuillets extraits d'un album, Vigny a recopié en juin 1845 quatre strophes (16 à 19) de *La Maison du Berger*. En tête d'un album d'Augusta, Vigny a copié, en septembre 1859, son poème *Le Bateau* ; à la suite, figurent une quinzaine de dessins d'Augusta, vues d'Allemagne et de Suisse. Un recueil rassemble dix des lettres de Vigny à Augusta, de 1861 à 1863, témoignage pathétique des dernières années d'amour et de souffrance du poète. Dans la vente de mai 2018, figuraient également deux lettres de Vigny (9 janvier 1855 et 16 mai 1856) au sculpteur Émile Chatrousse, auteur d'une médaille sur Cinq-Mars et de Thou.

Le 21 mai 2019, à l'Hôtel des ventes de Genève (n° 108), passait en vente la correspondance de Vigny à Camilla Maunoir. Depuis sa publication en 1897 par Philippe Godet dans la *Revue de Paris*, sous le titre « Lettres à une puritaine », cette correspondance, qui n'avait jamais refait surface, était conservée par une famille de Neuchâtel. Ces 18 longues lettres, qui vont de 1838 à 1852, totalisent 106 pages, et comptent parmi les plus belles de Vigny.

Thierry BODIN

VIE DE L'ASSOCIATION

Gémir, pleurer, prier est également lâche.
Fais énergiquement ta longue et lourde tâche
Dans la voie où le Sort a voulu t'appeler,
Puis après, comme moi, souffre et meurs sans parler.

Nous connaissons tous par cœur ces vers par lesquels se termine « La Mort du Loup », le plus connu des poèmes d'Alfred de Vigny. Hippolyte Girardot les récite dans le film de Laurent Heynemann *Je ne rêve que de vous*, sorti dans les salles le 15 janvier 2020, alors qu'il incarne Léon Blum, enfermé dans le fort du Portalet, dans les Pyrénées.

Puissent-ils nous inspirer de quelque façon en cette année 2020, marquée par la pandémie de coronavirus, et par les nombreuses mesures de restriction qui ont été imposées pour la contenir, je pense en particulier aux deux confinements du printemps et de l'automne. Ces vers me fournissent en outre l'occasion de former, pour tous nos adhérents et pour tous nos lecteurs, des vœux de bonne santé en cette période troublée. Je nourris l'espoir qu'ils se portent bien, ainsi que leurs familles.

On ne s'étonnera pas, en raison de ce contexte, que les activités de l'association aient été à l'arrêt cette année. La journée d'études prévue à la Sorbonne le 14 mai 2020, qui devait porter sur « Vigny et la presse » a dû être logiquement annulée : nous lisons, dans le présent bulletin, les contributions qui auraient dû être présentées par les invités.

L'Assemblée Générale s'est réunie le samedi 16 novembre 2019, à la Maison du Barreau, dans le 1er arrondissement de Paris, dans une salle qui avait été mise à notre disposition grâce à l'intermédiaire de notre Présidente. Nous avons pu écouter ce jour-là Sylvain Ledda et Sophie Vanden-Abeele Marchal nous présenter la riche actualité éditoriale de Vigny. Dans un premier temps, Sylvain Ledda nous a présenté son édition du *Théâtre complet*, chez Classiques Garnier, qu'il a réalisée conjointement avec Lise Sabourin ; Sophie Vanden-Abeele Marchal nous a ensuite présenté son édition de *Stello*, toujours chez Classiques Garnier, ainsi que différents articles critiques. J'ai moi-même eu l'occasion d'évoquer en quelques mots ma thèse de doctorat : « Incarner la poésie. Théories et pratiques d'écriture d'Alfred de Vigny », que j'ai achevée il y a peu et qui sera soutenue au début de l'année 2021 à l'université Jean Moulin Lyon 3. J'ai enfin eu le plaisir d'être élu Secrétaire Général de l'association, et de prendre ainsi la suite d'Esther Pinon, que je remercie une ultime fois pour sa disponibilité et pour l'aide qu'elle continue encore à m'apporter.

Terminons cette brève comme nous l'avons commencée, par de la poésie. Nous invitons ainsi nos lecteurs à passer Rue de l'Abbé-de-l'Épée dans le 5ᵉ arrondissement de Paris, où, depuis février 2020, l'Institut National de Jeunes Sourds a fait graver ces vers sur les murs de l'établissement :

> Enfants, ne maudissez ni Dieu ni votre mère :
> Vous êtes plus heureux que Milton et qu'Homère.
> Vous voyez la nature et pouvez y rêver,
> Sans craindre que jamais la parole vulgaire
> Ose par votre oreille à votre âme arriver.
> Le silence éternel est votre tabernacle.
> Et votre Esprit n'en sort que selon son désir,
> Il ouvre quand il veut et ferme le Spectacle.
> Dans le livre ou la vie, il choisit son oracle
> Et de toute Beauté ne prend que l'Élixir.

Pierre DUPUY

RÉSUMÉS/*ABSTRACTS*

Morgane AVELLANEDA, « La critique littéraire du *Conservateur littéraire* au regard du *Conservateur* : continuité ou héritage ? »

Lorsque les frères Hugo créent *Le Conservateur littéraire* en 1819, ils se placent sous le patronage du semi-périodique ultra, *Le Conservateur*. Une filiation existe entre les deux titres sur le plan de la critique littéraire. Pour autant, de nombreux éléments laissent deviner une critique qui introduit une plus grande liberté dans l'appréhension de la littérature. *Le Conservateur littéraire* ne renie pas la filiation du *Conservateur* : la jeune revue littéraire s'approprie son héritage pour asseoir son autorité dans les milieux littéraires.

Mots-clés : critique littéraire, *Conservateur littéraire*, Vigny, Hugo, Chateaubriand

Morgane AVELLANEDA, *"Literary criticism at* Le Conservateur littéraire *in relation to* Le Conservateur: *Continuity or legacy?"*

When the Hugo brothers created Le Conservateur littéraire *in 1819, they fell under the patronage of the ultraroyalist periodical* Le Conservateur. *A line of filiation connects the two titles in terms of literary criticism; however, many aspects of this would suggest a criticism that brought more freedom to the appreciation of literature.* Le Conservateur littéraire *does not deny that it is the offspring of* Le Conservateur: *the young literary review appropriates its legacy to establish its authority in literary circles.*

Keywords: literary critic, Conservateur littéraire, *Vigny, Hugo, Chateaubriand*

Patrick BERTHIER, « Gautier revoit *Chatterton* et *Le More de Venise* ou la nostalgie du critique »

Le More de Venise (1829) et *Chatterton* (1835) sont deux drames de Vigny dont Gautier, qui les a vus à leur création, n'a pu parler alors puisqu'il n'était pas encore critique dramatique. Mais il a eu le privilège de les revoir depuis, et notamment bien plus tard, sous le second Empire : la reprise du rôle de Chatterton par son créateur, Geffroy, en 1857 (sans Marie Dorval), et l'incarnation inspirée d'Othello par l'atypique Rouvière, en 1862, lui fournissent l'occasion de faire le point, non sans émotion, sur ses passions romantiques de jeunesse, toujours intactes.

Mots-clés : *Chatterton*, *Le More de Venise*, Vigny, critique littéraire, Théophile Gautier

Patrick BERTHIER, *"Gautier rewatches* Chatterton *and* Le More de Venise, *or a critic's nostalgia"*

Le More de Venise *(1829) and* Chatterton *(1835) are two of Vigny's dramas that Gautier, who saw them when they debuted, could not talk about at the time because he was not yet a drama critic. But he had the privilege of seeing them again, notably much later during the Second Empire: his creator, Geffroy, reprised the role of Chatterton in 1857 (without Marie Dorval), and the inspired incarnation of Othello by the atypical Rouvière in 1862 provided him with the opportunity to take emotional stock of his youthful romantic passions, which remained intact.*

Keywords: Chatterton, Le More de Venise, *Vigny, literary critic, Théophile Gautier*

Guillaume COUSIN, « L'ombre de *Cinq-Mars* : Vigny dans la première *Revue de Paris* (1829-1834) »

Vigny n'a jamais publié dans la *Revue de Paris* entre 1829 et 1834, malgré l'importance de celle-ci. Sans doute ne souhaite-t-il pas publier d'article en son nom, ce qu'impose alors la *Revue*. Mais cette absence n'est que partielle car la *Revue* rend compte de chacun de ses ouvrages, qui pâtissent toujours de la comparaison avec *Cinq-Mars*. On attend de Vigny un nouveau roman historique ou un véritable drame historique, et regrette toujours qu'il n'exploite pas plus son talent de peintre historique.

Mots-clés : *Revue de Paris*, critique littéraire, *Cinq-Mars*, roman historique, drame romantique

Guillaume COUSIN, *"The shadow of* Cinq-Mars: *Vigny in the first* Revue de Paris *(1829–1834)"*

Despite its importance, Vigny never once published in the Revue de Paris *between 1829 and 1834. No doubt he did not want to have an article printed with his name on it, which the* Revue *required at the time. But this was only a partial absence because the* Revue *covered each of his works, which were always compared unfavorably to* Cinq-Mars. *Vigny was expected to write a new historical novel or a true historical drama, and there were those who lamented that he did not make more use of his talent as a painter of the historical.*

Keywords: Revue de Paris, *literary critic,* Cinq-Mars, *historical novel, romantic drama*

Étienne KERN, « Note sur le tutoiement et le vouvoiement dans *Chatterton* »

Au-delà des enjeux soulevés par la question des pronoms d'adresse au théâtre, l'étude s'intéresse au personnage du Quaker dans *Chatterton*. Ce dernier, fidèle à l'usage instauré par George Fox au XVIIᵉ siècle, tutoie ses interlocuteurs. Pour autant, on décèle dans la scène finale une double infraction dans le dispositif pronominal : il se met à vouvoyer Kitty, puis John Bell. Plutôt qu'une négligence de l'auteur, sans doute faut-il donner sens à ce passage au « vous », d'autant qu'il gagne à être rapproché du basculement du « vous » vers le « tu » qu'opère Chatterton face à Kitty.

Mots-clés : tutoiement, vouvoiement, *Chatterton*, John Bell, Kitty Bell

Étienne KERN, *"A note on the* tutoiement *and* vouvoiement *in* Chatterton"

In addition to the issues raised by the question of pronouns of address in theater, this study looks at the Quaker character in Chatterton. Chatterton, *faithful to the practice established by George Fox in the seventeenth century, addresses his interlocutors with a familiar* thou (tu). *However, in the final scene, we detect a twofold breach in this pronoun mechanism: he begins to address Kitty and then John Bell with a formal* you (vous). *Rather than seeing it as negligence on the part of the author, surely one must make sense of this shift to* you, *especially since it would be advantageous to compare it to Chatterton's shift from* you *to* thou *with Kitty.*

Keywords: tutoiement, vouvoiement, Chatterton, *John Bell, Kitty Bell*

Sylvain LEDDA, « *La Confession d'un enfant du siècle, Servitude et grandeur militaires* : de la presse à l'histoire littéraire »

L'histoire littéraire associe volontiers *La Confession d'un enfant du siècle* et *Servitude et grandeur militaires*. Œuvres personnelles, marquées au coin de l'expérience intime des auteurs, elles présentent toutes les deux certains traits caractéristiques du désenchantement romantique. En revenant à l'accueil de ces deux récits dans la presse, on constate que les critiques ont mis au jour des spécificités esthétiques, à partir desquelles l'histoire littéraire a construit un jeu de comparaisons, jusqu'à déformer peut-être la singularité des deux ouvrages.

Mots-clés : *La Confession d'un enfant du siècle, Servitude et grandeur militaires,* histoire littéraire, critique littéraire, désenchantement romantique

Sylvain LEDDA, "La Confession d'un enfant du siècle, Servitude et grandeur militaires: *From the press to literary history"*

Literary history readily lumps together La Confession d'un enfant du siècle *and* Servitude et grandeur militaires. *Both are personal works characterized by the intimate experience of the authors and both present certain characteristics of romantic disenchantment. Returning to the reception of these two narratives in the press, we see that critics have brought to light aesthetic specificities that have caused literary history to see a game of comparisons perhaps to the point of distorting the singularity of the two works.*
Keywords: La Confession d'un enfant du siècle, Servitude et grandeur militaires, *literary history, literary criticism, romantic disenchantment*

Caroline LEGRAND, « *Lorenzaccio* et *Chatterton* : deux drames initiatiques »

Le XIXe siècle romantique porte un regain d'intérêt au Moyen Âge, producteur de cycles épiques et de romans d'initiation. Avec *Chatterton* et *Lorenzaccio,* le drame se fait initiatique à son tour. Une étude comparative des deux pièces révèle une trame archétypale similaire : celle-ci suggère une transposition théâtrale des codes, schémas, et modèles littéraires traditionnels de l'initiation. Mais conformément au pessimisme du siècle et de leurs auteurs, Lorenzo et Chatterton ne s'imposent, à tous égards, que comme des héros de quêtes qui échouent et d'initiations ratées.
Mots-clés : Moyen Âge, *Chatterton, Lorenzaccio,* initiation, théâtre romantique

Caroline LEGRAND, "Lorenzaccio *and* Chatterton: *Two initiatory dramas"*

The romantic nineteenth century saw renewed interest in the Middle Ages, producer of epic cycles and romances of initiation. With Chatterton *and* Lorenzaccio, *drama becomes initiatory in turn. A comparative study of the two plays reveals a similar archetypal pattern: it suggests a theatrical transposition of the traditional codes, patterns, and literary models of initiation. But true to the pessimism of the century and of their authors, Lorenzo and Chatterton emerge in all respects only as heroes of failed quests and failed initiations.*
Keywords: Middle Ages, Chatterton, Lorenzaccio, *initiation, romantic theater*

Achevé d'imprimer par Corlet,
Condé-en-Normandie (Calvados), en avril 2021
N° d'impression : 21040609 - dépôt légal : avril 2021
Imprimé en France

COTISATION 2021

ASSOCIATION DES AMIS D'ALFRED DE VIGNY
50, rue Saint-Ferdinand – 75017 Paris

Tel. : 06 15 73 36 87
Site internet : www.alfreddevigny.org

Par chèque bancaire ou postal,
à l'ordre de l'« Association des Amis d'Alfred de Vigny »,
à adresser au Trésorier, M. Sylvain Ledda,
125 rue Championnet, 75018 Paris

ou par virement à la Banque Postale
FR40 2004 1000 0110 0384 5S02 045

❏ Membre adhérent   30 €
❏ Membre bienfaiteur   40 €
❏ Étranger   35 €
❏ Étudiant   15 €

Nom :   Prénom :
Adresse :

Nationalité :   Profession :
Téléphone :

IMPORTANT : si vous avez une messagerie, veuillez nous préciser votre adresse email, ce qui nous permettra de vous joindre, en cas de besoin, plus facilement et plus rapidement. Par avance merci.

Email :   @